協同組合間連携に学ぶ

地域づくり

一般社団法人 日本協同組合連携機構

全国共同出版

異なった種類の協同組合間の連携を当たり前のものにしたい

本書の狙い

本書を手にとっていただきありがとうございます。ご関心のある部分をお目通しいただければ誠に幸いです。

本書は月刊誌『農業協同組合経営実務』（全国共同出版）に掲載された記事（2022年4月号～2023年3月号）を一冊にまとめたものです。同誌の読者は主にJAグループ役職員ですが、その内容を広く協同組合関係者に読んでいただきたく、本書を出版しました。

第1章と最後の第14章は、異種協同組合間の連携の現状、その意義、なぜ協同組合相互が連携相手として相応しいのか、どのように着手すべきかなど、いわば総論が書いてあります。その他の章は、地域・県域・全国域での実践事例です。既に「これからの協同組合間連携（石田正昭編著家の光協会）」を2021年10月に発刊済ですが、その後事例も増え、総論的整理も進んでおり、本書の出版に至りました。

手前味噌ですが、日本にとって戦後初の常設の協同組合横断全国組織であるJCAの発足を、良い契機として受け止めていただいた協同組合関係者が数多くおられ、こうした方々のご尽力で、さらに協同組合間の連携が進んだと感じます。

協同組合への期待

JCAの発足は2018年ですが、その後、政府のSDGs実施指針が改定され、協同組合に対する期待が述べられたこと（2019年）、日本にとって42年ぶりの新たな協同組合法である労働者協同組合法が制定されたこと（2020年）、ICA（国際協同組合同盟）が協同組合に関するアイデンティティ声明につき見直しを含めて世界的な協議を提起したこと（2021年）など、協同組合をめぐって様々な動きがあります。

総じて、「事業体を通じて組合員のニーズや願いを実現しその延長で地域課題の解決に貢献する」協同組合への期待を感じます。

こうした期待の背景には、各地域の抱える課題が深刻化していること、市場に新たな価値の創造や効率化を期待しつつも「すべて市場に委ねればうまくいく」という価値観は行き詰っていること、などがあると感じます。「協同組合は社会を変える担い手の一翼となりうるのではないか」と考える方が増えているのかもしれません。

期待に応えることは容易ではないが……

いかなる組織も認知され、評価されてこそ将来展望を拓きます。協同組合もその期待に応え、発展を期したい。

しかし、そのことは容易ではありません。多くの協同組合にとって経営環境は厳しく、経営資源は限られています。

本書でご紹介している事例は、限られた経営資源を持ち寄り、異種協同組合間の連携を通じて地域課題解決に向けて実践しようとするものです。

地域課題の深刻度に比して、その成果が一定の範囲に留まっていたり、実践の準備段階である事例もあります。しかし、ご紹介した協同組合はいずれも「協同組合は地域課題解決の一翼を担う重要な存在である」との自己規定を持ち続けておられると感じます。

JCAは引き続き事例を紹介し分析を進めます

JCAは引き続き事例を収集し発信します。交流会議なども開催しますが、日常的にはホームページでの事例紹介を順次充実させていきます。

さらに、JCAとして、なぜその事例は成功したのか、成功の条件はどこにあったのか、などの分析視点を磨き、事例報告をより充実させたいと考え、現在準備を進めています。

そのうえで、重要なパートナーでいらっしゃる県域の協同組合連携組織の方々と連携し、異種協同組合間の連携を全国で当たり前の存在にしていきたいと考えています。

引き続きJCAをうまく使ってください。どうぞよろしくお願いいたします。

2023年9月

一般社団法人日本協同組合連携機構（JCA）

代表理事専務　比嘉政浩

目　次

第1章
協同組合間連携の現状と今後について
～「ゆるやか、あいのり、やってみる」で広げる連携～

一般社団法人日本協同組合連携機構
青竹 豊

1. 協同組合が共通してめざすのは地域の課題解決

みなさんのJA、協同組合は、どういうビジョンや中長期目標（重点課題）を掲げていますか。図表1は、各協同組合グループ（全国組織）の中長期的なビジョンや方針をまとめたものです。

JAグループは、2021年10月の第29回全国大会で、10年後のめざす姿として「持続可能な農業の実現、豊かでくらしやすい地域共生社会の実現、

図表1　各協同組合グループのビジョン（中長期方針より）

JAグループ	JAグループのめざす姿（10年後）として「持続可能な農業の実現、豊かでくらしやすい地域共生社会の実現、協同組合としての役割発揮」を掲げる。（JA全国大会）
生協グループ	「安心してくらし続けられる地域社会」を掲げ、諸団体・協同組合・行政とともに、地域社会づくりを進め、地域の課題解決に取り組む、とする。（2030ビジョン）
JF全漁連	地域社会・地域漁業への貢献（運動方針重点事項）
JForest 全国森林組合連合会	林業・関連産業の活性化による地域社会の活力創造 （森林・林業・山村未来創造運動）
日本労働者 協同組合連合会	3つの協同　①働く者同士の協同 ②利用者・家族との協同 ③地域との協同
全国中小企業団体 中央会	防災・減災対策、地方創生への取り組み拡大（事業計画）
全国信用金庫協会	会員、お客さま、地域が抱える課題の解決に尽力（3カ年計画）

協同組合としての役割発揮」を掲げています。生協グループは、「2030ビジョン」において「地域社会づくりを進め、地域の課題解決に取り組む」としています。図表の一番下は信用金庫グループですが、同様に「地域が抱える課題の解決に尽力」としています。

このように、協同組合が共通してめざしているのは、地域の課題解決や活性化です。

2. 多様で活発な日本の協同組合

日本は、他国と比べて、協同組合が各分野で活発に活動しているといえます。JA、漁協、森林組合などの一次産業に係わる協同組合、生協という消費生活に係わる協同組合、中小企業等協同組合、信用組合や信用金庫という中小企業者などに係わる協同組合、労働金庫や労働者協同組合などが、それぞれの分野で活動しています。数字でざっと見ると**図表2**の通りです。

こうした大きな成果は、組合員や役職員のみなさんの日々の努力の積み重ねによるものにほかなりません。

組合員は、その地域で働きながら暮らしています。その組合員のために事業を行なう協同組合にとっては、地域が基盤です。その地域は、高齢化

図表2　協同組合の全体像

協同組合の総数（連合会を含む）	約4万1千
加入組合員数（重複加入あり）	1億人超
常勤役職員数	約57万人
組合員利用可能施設数	約3万6千か所※1
年間付加価値額	5兆2187億円
国内シェア	1.8%
農林水産物販売取扱高	5兆8522億円
国内シェア	54%
預貯金額	約308兆円
国内シェア	23%

※1小学校区に1.9か所

（参照：『2019（令和元年）事業年度版 協同組合統計表』JCA・令和4年3月
https://www.japan.coop/study/pdf/220414_01.pdf）

や人口減少、担い手不足、つながりや活力の低下など様々な問題を抱えており、コロナ禍は貧困や格差などの問題をさらに悪化させました。協同組合が、わが国において社会的経済的に一定の重要な位置を占めているということは、それに伴う組合員や地域社会からの期待も大きくなります。そのため、冒頭で見たように、どの協同組合も共通して、地域課題の解決に一段と力を集中しようとしているのです。

3.「相乗効果」「連結の経済効果」を生み出す協同組合間連携

そうであれば、協同組合同士が分野を超えて連携し、力を合わせた方が「相乗効果」を発揮できる可能性が高まります。たとえば、JA には生産者の組合員がおり、生協には消費者である組合員が様々な活動をしています。両者が連携すれば、地産地消や食育・食農などの取り組みをより広げることができます。

さらに、施設･会議室の共同利用、サービス事業の共同利用、ホームページの相互リンク、商品の共同開発をはじめ、厚生連や医療福祉生協の健康診断・人間ドック、子ども食堂、移動購買、漁協の魚食普及、森林組合の木工教室や森づくり（清掃、植林）など多様な分野においても連携が考えられます。すでにある資源を相互に活用したりサービスや取り組みに「あいのり」することは、立ち上げ準備や初期投資にかかるエネルギーや費用を節約することにもなります[※2]。

協同組合は、組合員ニーズの実現のために存在し、意思決定も組合員（の代表）が行うので、どうしても自組織のことに集中しがちです。地域の課題解決にも自力で取り組むことが多く、これまでは成果をあげてきました。しかし、地域の抱える課題、それに伴う組合員のニーズは多様化してきており、１つの JA や協同組合が単独で解決するには限界がありますし、大

※２　北川太一氏（現・協同組合学会会長）は、このことを「連結の経済効果」と呼んで、「複数主体間のネットワーク的な結びつきを通じて、情報や技術、人材等の経営資源が多重に利用されることから生じる経済効果。費用節減効果だけでなく、新たな気づきや情報の創出、人と人の結びつきなどが実現。そのためには主体間で一定の共感や信頼が存在する必要」と述べる（第 39 回日本協同組合学会大会の講演資料より）。

きな費用がかかることにもなります。地域を基盤とする協同組合同士（あるいはさらに地域の諸団体や自治体など）が連携すれば、既存資源の有効活用による費用節減効果の可能性だけでなく、新しいアイデアや結びつきが生まれる可能性もあります。

したがって、私たちが意識することで、協同組合間をはじめ地域における幅広い連携を追求することが有効になってくるのです。

4. JCAの設立とラウンドテーブルの呼びかけ

日本協同組合連携機構（JCA）は、2018年4月、わが国の協同組合運動の健全な発展と持続可能な地域のよりよいくらし・仕事づくりに貢献することをめざし設立されました。連携の推進・支援、政策提言・広報、教育・調査・研究が主な役割です。協同組合を横断したわが国唯一の法人組織として、国内のほぼすべての協同組合グループが会員となっています（図表3）。

JCAは、設立以来3年の実践を踏まえ、2021年3月、JCA2030ビジョン「協同をひろげて、日本を変える－「学ぶ」と「つながる」プラットフォームとして－」、および中期計画（2021～23）を策定しました（JCAウェブサイトに掲載）。中期計画の重点課題の1つとして、都道府県の協同組合連携組織（後述）をはじめ、全国の協同組合に、ラウンドテーブル（円卓会議）を開催することを呼びかけています。

ラウンドテーブルとは、県域で協同組合が分野の違いを超えて集まり、

図表3　JCA会員内訳

会員区分	組織数	名　称
1号(社員)	19	JAグループ （全中、全農、全共連、農林中金、全厚連など） 生協グループ （日本生協連、こくみん共済coop、日本医療福祉生協連など） 全国漁業協同組合連合会、全国森林組合連合会、全国労働金庫協会、日本労働者協同組合連合会など
2号会員	55	JA都道府県中央会、全国信用金庫協会、全国信用組合中央協会、全国中小企業団体中央会、労働者福祉中央協議会、共栄火災海上保険、ワーカーズ・コレクティブ、ネットワークジャパンなど
3号会員	約500	県漁連、県生協連、県森連、単位協同組合など

相互理解を深めるとともに、地域について何が一緒にできるかを話し合う場のことをいいます。その規模や開催形態に一律の決まりはありません。ゆるやかに話し合う場づくりが「共感や信頼」を生み出し、地域課題解決の「ネットワーク的結びつき」につながっていくと考えています。

5. 協同組合間連携の6類型

協同組合間連携の取り組みは、すでに各地で多様な事例があります。その中には、産直のように半世紀を超える歴史をもつものもありますし、子

図表4　協同組合間連携の6類型

基本類型	1. 産消提携型	農林水産に関わる協同組合と、消費者側の協同組合（生協）が“対等の関係”、すなわち両者が相互の交流や信頼で結ばれている連携（産直など）。消費者側の協同組合のイニシアティブで進められてきた場合が多く、古い歴史がある。
	2. 事業連携型	事業体としての協同組合が戦略的な意味から取り組む連携。集配センター・店舗・直売所などを共同で設置・運営していくコラボレーション・タイプと、清掃・パッキング・配送などの特定の業務に関して、受委託の関係で結ばれるパートナーシップ・タイプの2種がある。
	3. 地域連携型	「新自由主義」が世界を席巻し貧困・格差の拡大が進み、地域社会の持続可能な発展が憂慮される中、共益組織である協同組合が地域の普遍的利益（不特定多数の利益）の充足をはかっていくための連携。社会貢献的なものも含む。コロナ禍もあり、今後さらなる取り組みの拡大が期待される。
基礎類型※	4. 学習会・イベント型	協同組合・食・健康などをテーマとする様々な学習会（国際協同組合デーの記念集会を含む）、地産地消や協同組合まつりのようなイベントにおける連携で、もっとも取り組み数が多い。地産地消や植林などの体験型も増えている。役職員が参加するもの、広く組合員や地域住民も参加するものがある。
	5. 災害支援型	災害発生を受けた支援募金活動、復旧支援ボランティアや農業ボランティア派遣、被災地産品の販売支援、防災減災に関わる取り組み（学習会含む）などの連携。近年、大規模災害が続発する中、災害時の連携協定や事前の話し合いなどの課題がある。
	6. 人材育成型	新入職員や中堅職員を対象とした研修の合同開催など。地域課題解決のための提案を行なう研修、提案について実地でやってみるプロジェクト型研修、相互の現場体験学習などの工夫のほか、人事交流（相互出向など）も一部に見られる。

※　基礎類型を根底から支えるもの
（参照：『いのち・地域を未来につなぐ～これからの協同組合間連携』石田正昭編著・家の光協会刊・2021年、JCAウェブサイト　https://www.japan.coop/cooperation/case/）

ども食堂やフードバンクなど近年広がりつつある地域貢献的な取り組みもあります。

JCAでは、2018年度より「協同組合間連携に関する研究会」(座長：石田正昭氏)を設け、連携事例の収集と分析を行なってきました。その結果、各地の事例を6つに類型化しています(図表4)※3。

本稿では、その類型ごとの事例を順次紹介しています。

6. 連携を推進する県域連携組織

県域内における協同組合間連携の取り組みをより積極的に広げるため、都道府県の協同組合連携組織が大きな役割を果たしつつあります。

県域連携組織は、現在42都道府県にあり、JA県中央会や生協県連など各協同組合グループ(系統)の県域組織が主な構成団体の任意団体で、「○○県協同組合連絡協議会」などの名称となっています。

その設立目的は、協同組合間の交流や連携の推進です。

JCAでは、全国組織同士の連携だけでなく、県域連携組織を支援する役割を重視しています。その一環として、県域連携組織実態調査を初年度(2018年度)より実施しています。以下で、2022年度実態調査に基づき、県域連携組織の状況を見ます。

(1) 設立時期

1970年代から設立が始まっています。もっとも古いのは、1976年設立の長野県協同組合連絡会で40年を超える歴史があります。もっとも新しいのは、大阪府協同組合・非営利協同セクター連絡協議会で、2020年7月に設立されました。

1970年代から1980年代の設立は、1960年代から産消提携や単協間の産直が始まっていたこと、国際協同組合同盟(ICA)が1966年の協同組合

※3　研究会の報告は『いのち･地域を未来につなぐ～これからの協同組合間連携』(2021年10月20日　家の光協会刊)に掲載している。本書は10の実践事例の紹介とともに、連携の歴史・到達点を押さえ課題・展望を探る。なお、6つの類型化は固定的なものでなく、地域ニーズの変化に応じ見直しも必要になる。

原則改定で第6原則として「協同組合間協同」を掲げたことから、連携の機運が高まったためと考えられます。

その後、1990年代と2010年代に大きく設立が進みましたが、ICA東京大会の開催（1992年）、国際協同組合年（IYC･2012年）※4の取り組みがきっかけとなっています（図表5）。

図表5　設立年代別県域連携組織数

設立年代	県域数
1970	3
1980	6
1990	11
2000	3
2010	16
2020	2

(2)　県域連携組織の構成

県域連携組織に加入している会員数は、JAや生協、漁協、森林組合などの県中央会や連合会のほか、県域によっては、単位組合（単協）、マスメディアやNPO、消費者団体なども加入している場合があります。少ない県域では4団体、多い県域では84団体となっています（図表6）。

図表6　県域連携組織の参加団体数

参加団体数	県域数
4	10
5	4
6～10	14
11～20	11
21～30	1
45	1
84	1

※4　国連は、協同組合の設立や発展を促進するため、2012年を国際協同組合年（IYC）とした。IYCにあたり、多くのJA県域で県中央会や生協県連などにより実行委員会などが組織され、様々なイベントや企画が取り組まれ、終了後もそれらが母体となり活動を引き継ぐため県域連携組織の設立が進んだ。

会員が4団体の組織は、JA県中央会、県生協連、県漁連、県森連で構成されるケースがほとんどであり、会員数が20を超える場合は単協が加入しています。

県域連携組織に単協が加わることで、活動が活発になる事例が多く見られます。単協は、実際に事業や組合員活動、地域貢献活動を行っており、それらが相互に交流することで、事業や活動における連携のきっかけとなったり、新たな取り組みが生まれるためと考えられます。

会員数が84組織と最多の神奈川県協同組合連絡協議会（2017年発足・略称「かながわCo-ネット」）は、それまであった神奈川県協同組合提携推進協議会（1986年発足）を発展改組する際、各単協やNPO等にも加入を呼びかけ会員数を増やしてきました。その結果、活発な協同組合間の交流や事業上の連携が生まれています（県漁連の海産物をJA直売所で販売、JAのジュースを漁連直売所で販売、JAと生協が宅配で協業する等）。

なお、こくみん共済coop、ろうきん、労働者協同組合（ワーカーズコープ、ワーカーズ・コレクティブ）が参加している県域は多くなく、中小企業等協同組合（3県のみ）、信用金庫（2県のみ）、信用組合（1県のみ）のグループの参加はきわめて少なくなっています。

単協や分野の異なる協同組合がさらに幅広く参加できるようにすることは、今後の課題です。

(3) 県域連携による多彩な活動

2022年度実態調査では、計77件の多彩な活動が報告されました(図表7)。2019年度は176件、2020年度は180件、2021年度は154件でしたので、コロナ禍により一時は減少したものの再び活性化してきています。

活動の中心は、国際協同組合デー、学習会などのイベントです。さらに、大学での寄付講座、清掃や環境保全、フードバンクなど食の支援、居場所づくりなど、多彩な地域支援活動に広がっています。

コロナ禍で農産物の販売支援、学生への米・食品寄贈なども積極的に取り組まれています。事業面では、店舗での提携、商品共同開発も見られます。

県域連携組織がこうした取り組みにおいて大きな役割を果たしていることは、後述するプラットフォーム的役割として注目されます。

図表７　県域連携組織の活動　（件数）

項　　目	2021年	2022年
国際協同組合デー、学習会	51	49
イベント（デー以外）	28	44
清掃、植林、森林整備、環境保護・保全	15	20
フードバンク・子ども食堂・居場所づくり	11	15
コロナ禍支援（販売支援、学生支援、食品寄贈など）	9	5
店舗提携	8	6
大学寄付講座	2	6
商品共同開発	4	5
健康づくり	4	5
協同組合間の相互協定	7	5
買物支援、高齢者の生活支援	1	3
その他	14	14
合計	154	177

(4)　県域連携組織の運営と課題

県域連携組織の多くには事務局が置かれ、幹事会や協議会を運営したり、企画を担当しています。ほとんどの県域で、JA県域中央会が事務局を担っており、専従者がいる県域はありません。県域組織の予算は大きくありません（0円～300万円の範囲）。予算が0円という組織は、活動の都度、実費を分担しています。県域連携組織の課題は次の通りです（「最近の実態調査の記述欄」より抜粋）。

・活動のマンネリ化、固定化、先細り、停滞。発展の方向が見えにくい。
・事務局業務の１団体への偏り。事務局の人員減少。運営費の不足。
・学習会参加者の減少。役職員の交流から組合員の交流への進展。
・単協の連携。地域段階における協同組合への理解促進。

茨城県の連携組織である「協同組合ネットいばらき」は、限られた予算と体制における運営のポイントとして「ゆるやか、あいのり、やってみる」を掲げており参考になります。

・ゆるやか…まずお互いを知ることからスタート。気負わず普通につながる。
・あいのり…ある協同組合がやることに他協同組合も参加する。県域連携組織として「○○県協同組合協議会」の冠を付けさせてもらう。
・やってみる…無理のない範囲でまずやってみる。スモールスタートし、小さな成功をつくり、徐々に広げる。

7. まとめ—期待されるプラットフォーム的役割

コロナ禍により、格差・貧困・孤立などの社会的課題の深刻化、地域の脆弱化に拍車がかかっています。アフター・コロナ時代を展望するには、社会・経済・環境の面で「持続可能な地域づくり」が重要です。以上であげた協同組合間連携の多様な取り組み(6類型)は、その貴重な先駆けとなっています。

今後、地域における課題はますます複雑になり、解決に向け決まったアプローチはなく、様々な協同組合や諸団体、個人がほかの事例を参考に主体的に考え行動することが求められます。

この場合、一方的な情報伝達や提起はなじみにくく、成功事例を収集して共有したり、相互交流し自ら考え出す機会を提供したり、意志のある協同組合同士をつないだり、相談に乗ったりするプラットフォーム[※5]的役割が注目されます。前述の「ゆるやか、あいのり、やってみる」は、その際の運営のポイントといえます。

JCAにプラットフォーム的役割が求められていることはいうまでもありませんが、地域課題への取り組みという点では、県域連携組織のプラットフォーム的役割も期待されています。これらを相互に高め合うため、県域連携組織とJCAの連携はますます重要になっています。

(2022年4月号掲載)

※5　プラットフォームとは、様々な困りごとやニーズを持った組織・人が柔軟に集まり、情報や意見交換、成功事例の共有、新しい知恵(解決策)を自ら創発したり、新しいつながりを生み出すこと。そうした「場」づくり。

第2章
ラウンドテーブルを通じた協同組合間連携の底上げ

一般社団法人日本協同組合連携機構
横溝 大介

1. はじめに（県域・地域における協同組合間連携の状況）

日本協同組合間連携機構（JCA）は、2018年4月に分野の異なる協同組合の垣根を越えて連携を促進する組織として発足しました。「持続可能な地域のよりよいくらし・仕事づくり」を目標に掲げ、協同組合間連携の推進、政策提言・広報、教育・調査・研究を行っています。

JCAが設立以来、毎年定期的に行っていることの1つに、都道府県の協同組合連携組織への実態調査があります（2023年度以降は隔年実施の予定）。2022年6月現在、42の都道府県に協同組合連携組織が任意団体として存在していますが、未組織の県も含め組織概要、連携活動状況や課題等をアンケート調査し、結果をウェブサイトで公表しています。

現時点で最新の2021年の実態調査では、県域の協同組合連携組織での活動に関して154件の報告がありました（次頁図表1）。特徴としては、コロナ禍で人が集まることが制限されたため、イベントの数が前年の58件から28件に大きく減少したこと、その一方で、販売支援や食料の寄贈など、学生も含めてコロナで困難に直面した人に支援の手を伸ばそうとする活動が見られたことがあげられます。

2. JCAによるラウンドテーブルの提起

コロナ禍の影響が長引くなかで、フードバンクや学生支援をはじめ、地域の課題に協同組合が連携して取り組む事例が徐々に増えています。しかし、実態調査の結果からもわかる通り、依然として活動の大部分を占めるのが学習会、協同組合デーやその他のイベントです。

JCAでは、こうした状況を少しでも前に進めたいという思いで、2021年2月、都道府県の協同組合連携組織に対して「ラウンドテーブルを開催しましょう」と呼びかけました（ここでJCAはラウンドテーブルを「県域の協同組合同士が地域の課題の解決にむけて一緒にできることを話し合う場」という意味で使っています）。

図表1　県域組織の活動状況

	活　動	2021年調査	2020年調査
1	国際協同組合デー、学習会	51	58
2	イベント（デー以外）	28	58
3	子ども食堂・子どもの居場所づくり	4	4
4	フードバンク	7	3
5	健康づくり	4	7
6	コロナ関連支援（販売支援、寄贈など）	3	1
7	買物支援		1
8	高齢者の生活支援	1	2
9	学生の生活支援	6	0
10	植林、森林整備	4	6
11	清掃	8	4
12	環境保護（保全活動）	3	3
13	商品開発	4	3
14	店舗提携	8	7
15	協同組合間の相互協定	7	2
16	大学寄付講座	2	5
17	その他	14	13
計		154	47

JCAがこのようなお願いをした背景には、コロナ禍によって高齢化、人口減少、貧困、格差など、これまでの社会問題が深刻化し、協同組合が基盤とする地域の活力の衰退が加速しているという状況があります。もちろん個々の協同組合組織はコロナ禍の前から、独自に地域に係わる取り組みを進め、それなりの成果をあげてきました。

しかし、近年、地域の課題は複雑化し、単独の組織だけでは対応が難しくなっています。日々大きくなる課題に対して協同組合が連携して、それぞれの強みを組み合わせれば、次の新たな一歩が生まれるのではないかとの期待があります。

JCAでは、県域でのラウンドテーブルの開催を促すため、2021年2月、全国5つのブロックで説明会を開催しました。その後も7月下旬～8月上旬のブロック別情報交換会、11月の全国交流会議、22年1月の担当役員・幹事長会議など、従来からあった会議・イベントも活用して、優良事例の共有、横のつながりへの橋渡しを行いました（図表2）。

また、都道府県連携組織で行われている事務局会議や幹事会にも参加したり各県域組織を訪問し、ラウンドテーブルの理解と普及に努めています。

3. 都道府県域における動き

都道府県域の動きを見ると、JCAがラウンドテーブルを提唱する前から、すでに活動を進めている県域、JCAの提案を受けて検討に着手した県域など、それぞれ事情は異なりますが、「ゆるやか、あいのり、やって

図表2　JCA主催のラウンドテーブルに関連する会議・イベント

時　期	会議・イベント
2021年2月	ラウンドテーブル ブロック別説明会（初開催）
2021年7月下旬～8月上旬	都道府県協同組合連携組織ブロック別情報交換会（初開催）
2021年10月	第3回協同組合の地域共生フォーラム
2021年11月	第4回都道府県協同組合連携組織 全国交流会議
2022年1月	都道府県協同組合連携組織 担当役員・幹事長会議（初開催）

みる」※1 をモットーに多くの県域で何らかの動きが見られます。以下、ラウンドテーブルに係わる事例を報告します。

まずはじめは、大阪での取り組みです。大阪の協同組合の連携組織は、2020 年 7 月、「大阪府内の協同組合および NPO 等の非営利協同セクターが相互に連携して共通課題の解決に取り組み、もって協同組合・非営利協同セクターの活動の促進をはかる」ことを目的として設立されました（**写真 1**）。正式名称は「大阪府協同組合・非営利協同セクター連絡協議会」といい、「OCoNoMi おおさか」を愛称としています。特徴は協同組合のほか、NPO や日本赤十字社大阪府支部などの非営利団体が参加していることです。

この「OCoNoMi おおさか」では 2 か月に 1 回程度開催している幹事会自体が、地域課題について近況報告を行い、一緒にできることを考えるラウンドテーブルの場となっています。すでに大阪府内のコロナで困窮する大学生への食料支援を 4 回実施（2022 年 3 月現在、各回 2,500 名　合計 1 万人）したほか、生協が実施する家庭内プラごみ調査へのあいのり、大阪府「大和川・石川クリーン作戦」への参加など具体的な連携につながっています。

福井県では、JCA がラウンドテーブルを提唱するよりも先行して、取

写真 1　「大阪府協同組合・非営利協同セクター連絡協議会」設立の集い（2020 年 7 月）

※1　まずお互いを知ることからスタートし気負わず普通につながる（ゆるやか）、ある協同組合の取り組みに他協同組合も参加する（あいのり）、無理のない範囲でまずやってみる（やってみる）ことで、協同組合間連携の小さな成功つくり、徐々に広げていくことを目指すもの。茨城の県域連携組織「協同組合ネットいばらき」が使い始めた後、全国に広まった。

り組みが始まりました。特徴は、福井県の協同組合連携組織「福井県協同組合連絡会」の下に各協同組合の担当者が集まる場として「協同組合間連携推進担当者会議」を設置したこと（2020年11月）、この会議体がラウンドテーブルとして機能したことです。

実際に2021年2月から5回の担当者会議が開催され、同年6月、福井県内の協同組合が連携する形でフードドライブが実現し、福井県社会福祉協議会と、こどもの貧困対策や居場所づくり、地域交流に取り組んでいる福井市内の子ども食堂の7団体に食品が提供されました。

さらに12月にも2回目のフードドライブが行われ、子ども食堂のほか福井県内のコロナで困窮している大学生も対象に加えるなど、より地域に根差した取り組みへと進化しています（写真2）。

青森県では、協同組合の役職員が、ボランティアとして農作業を手伝う「援農ボランティア」が2019年から行われています。

きっかけとなったのは、県内4つの協同組合（JA県中央会、県生協連、県漁連、県森連）で構成する「協同組合間提携青森県実行委員会」の事務局会議での議論でした。このなかで新たな取り組みとして協同組合間の相互理解を深めるために構成団体間で施設見学をすることや、各協同組合が行っている活動に参加することができないかが話し合われ、その具体案の1つとして、JAグループの援農ボランティアにほかの協同組合が参加することとなったのです。

写真2　福井県協同組合連携事業として行われた2回目のフードドライブ（2021年12月）

JAグループでは、2018年に県内企業との連携の取り組みとして「援農ボランティア」を始めたばかりでしたが、その翌年の2019年には4つの協同組合がこれに「あいのり」することで協同組合間連携に拡大しました。

参加者アンケートでは、「ボランティアに参加することで農作業の大変さを実感し生産について知ることができた。機会があればまた参加して力になりたい」とのコメントが寄せられた一方、ボランティアを受け入れた農家は「繁忙期は人手が必要なのでとても助かる。これからも続けてもらえるとありがたい」と話しており、相互にウィン－ウィンの関係が生まれています。

群馬県には、県域の協同組合4団体（JA県中央会、県生協連、県森連、県漁連）で構成する「フートピア21※2」という連携組織がありますが、これよりももっと小さな地域単位（市町村レベル）でラウンドテーブルが開催されました。

JCAでは、ラウンドテーブルを提起した際、「まず県域レベルでざっくばらんな話し合いをしよう」と呼びかけました。しかし、本来、課題は地域にあります。群馬県北部に位置する利根沼田地域は、コープぐんまと利根沼田森林組合が2019年から環境保全活動の一環として沼田市「市民の森」で植樹活動を展開しており、また、同地域にある利根保健生活協同組

写真3　群馬県利根沼田地区親子農業体験の募集チラシ

※2　「フートピア」という名前は、「food（フード：食料・精神のかて）」と「utopia（ユートピア：理想郷）」とを組み合わせた造語。

合（以下、利根保健生協）の組合員は、コープぐんまの組合員率が高いなど、単位組合同士のつながりが元々強い地域です。そこに地元JAのほか、JA県中央会、県生協連が加わり、2020年12月、利根沼田地域フートピア21が開催されました。

初会合の後、組織ごとに個別の話し合いが行われ、JA利根沼田が実施していた「親子農業体験」に利根保健生協が「あいのり」し、看護師や組合員による「手洗い教室」「保健教室」を組み合わせて開催することが決まりました。コロナのため実際に開催されたのは、2022年5月となりましたが、8月と10月にも行われました（**前頁写真3**）。

香川県では、県域連携組織である「かがわ協同組合連絡協議会」が2021年12月に「ラウンドテーブル～地域課題を気軽に話し合おう」を開催しました（**写真4**）。特筆すべきは、ラウンドテーブルに至るまでの道筋です。2021年10月には、かがわ里海大学の「一から学ぶ海ごみ講座」を受講して自分たちが暮らす地域の課題を理解したうえで海岸清掃を行い、身近な地域課題を実際に体験しました。そして、その2か月後（2021年12月）には「SDGs学習交流会」でSDGsという世界的視野から世の中の課題を見る目を養ったうえで、ラウンドテーブルに臨みました。

当日は8つのグループに分かれて、地域課題に対する「10年後のありたい姿」とその実現のために協同組合間連携でやりたいことを話し合いました。話し合いでは、生協の有償ボランティア「おたがいさま」へのほか

写真4　香川県でのラウンドテーブル

の協同組合のあいのり、子どもやお年寄りの居場所として空き家の活用、シャッター商店街で協同組合の合同イベントの開催などが出され、これらは「かがわ協同組合連絡協議会」に次年度の活動として提案されました。ここで出された案は、重点を決め2022年度に具体化される予定です※3。

最後に、熊本県の事例を紹介します。「熊本県協同組合間提携推進会議」は、2022年2月、オンラインによるラウンドテーブルを開催しました。

事前に各組織が他組織と連携してやってみたい事項を提出し、それに各組織が回答する形で進められました。

具体的には、生協連から「フードドライブ、子ども食堂を協力願いたい」という要望が出されると、これにJAが「食材提供など検討可能」と応じました。さらに生協連からは「生協組合員が（JAの子ども食堂に）お手伝いも可能」「生協で移動販売を行っているので希望があれば連絡してほしい」と次から次へと話が膨らみました。こうしたやり取りをもとに、後日、生協連がJA中央会に「協同組合間の連携」による子ども食堂の支援を呼び掛けたところ、経済連からはカレーの具材として人参・玉葱・じゃがいも・豚肉が、果実連からは子ども向けのジュースが提供されることになりました。

こうして、2022年3月、生協連の提案によりJAが食材を提供する形で子ども食堂（一般社団法人みなすまいる主催の「水俣スマイル食堂」）への支

写真5　熊本県での水俣スマイル食堂

※3　2022年度は防災対策に取り組むこととし、11月26日（土）、防災キャンプを実施しました。（詳細はこちらのリンクをご参照ください。https://www.japan.coop/wp/12475）

援が実現しました（前頁写真５）。

また、森林組合からは木工教室を開催できるとの話もされました。これを受けて生協連から会員生協である「生協くまもと」に組合員活動の一環として、環境問題も絡めた「親子で楽しむ木工教室をやってみては？」との提案がなされ、2022年７月23日（土）に協同組合間連携企画「親子で楽しむ木工教室」が開催されました。

このように熊本県では、ラウンドテーブルを機に協同組合間の連携が１歩前進しました。熊本県でオンラインで開催されたラウンドテーブルは、コロナ禍での新たな手法として、他県でも取り入れることができそうです。

4. 今後に向けて

2023年3月現在､16の県域においてラウンドテーブルが実施されました。また、ラウンドテーブル実現に向けた何らかの動きがある県域は複数あります。

JCAとしては、“何らかの動き”がある県域への働きかけを強めています。これらの県域では、ラウンドテーブルの必要性は理解しており、やりたいと思ってはいるものの、最後の一歩を踏み出せない何らかのハードルがあると思います。

その１つとして想像できるのは「実際に開催して盛り上がるのか」「どのように進行すればよいかわらない」といった主催する側（事務局）の不安、また､「コロナで人を集めることができない」という外的な制約です。

こうした懸念に対して、JCAでは企画の相談に乗ったり、依頼があれば運営のファシリテーター役を務めています。また、他県での事例を共有することでコロナ禍でも可能な開催方法があることをお伝えしています。

こうしたことを通じて、より多くの県域でラウンドテーブルが行われ、そこから協同組合間連携の具体的な活動が生まれ、地域における協同組合の価値を高めていくことにつなげたいと考えています。

（2022年８月号掲載）

第3章
生協産直3.0と協同組合間連携

日本生活協同組合連合会
菅野 昌英

1. 産消提携型の協同組合間連携の事例としての「生協産直」

JAと生協の産直の取り組みは長い歴史を持ち、協同組合間連携の6類型（5頁図表4参照）の「産消提携型」の代表例としてあげられています。

生協にとって産直の取り組みは、生協のプライベート商品であるコープ商品事業と並ぶ、商品事業の中核に位置付けられています。この「生協産直」の取り組み相手は必ずしもJAだけではなく、協同組合間連携といえる取り組みもその一部に過ぎません。

しかし、「生協産直」は今後の協同組合間連携を広げるバックボーンになる可能性を持っています。今後の連携強化のために、協同組合間連携のテーマからは少し脱線しますが、「生協産直」を知っていただくことを中心に本稿をすすめていきます。

2. 生協の産直事業の概況

(1) 生協産直とは

生協によって「産直」や「産消提携」など呼び方は様々であり、その取り組みの考え方や内容も様々あります。ここでは、生協が産地・生産者と提携し、その農畜水産物やその加工品を生協の組合員に届ける取り組みを「生協産直」としてまとめてとらえます。

生協によって定義も基準も異なりますが、1980年代から多くの生協で取り入れられている「産直三原則」

1. 生産地と生産者が明確であること
2. 栽培、肥育方法が明確であること
3. 組合員と生産者が交流できること

2001年に日本生協連・産直事業委員会が提起した「生協産直基準（5基準）」

1. 組合員の要求・要望を基本に、多面的な組合員参加を推進する
2. 生産地、生産者、生産・流通方法を明確にする
3. 記録･点検･検査による検証システムを確立する
4. 生産者との自立･対等を基礎としたパートナーシップを確立する
5. 持続可能な生産と、環境に配慮した事業を推進する

が代表的な考え方になります。

一般に産直という場合、生産者から消費者に直接商品が届く、あるいは直接取引する、という物流上、商流上の直接の取引としてイメージされています。「生協産直」の場合、物流や商流が直接行われるかどうかは関係なく、生産者･生産者団体との提携関係があるのか、消費者･生協組合員との交流があるのかという点が求められます。そして、その提携関係やGAPの二者点検などを通して、生協組合員に届けられる農畜水産物の安全性やトレーサビリティを生協が確認していることが産直の基準となります。

(2)　事業規模

生協の宅配・店舗の事業の生鮮分野にとって、産直品は大きなウェイトを占め、青果で31.5%、米で60.6%となっています（図表1）。この産直の比率は、全国の金額での

図表1　供給金額における産直の比率（2017年）

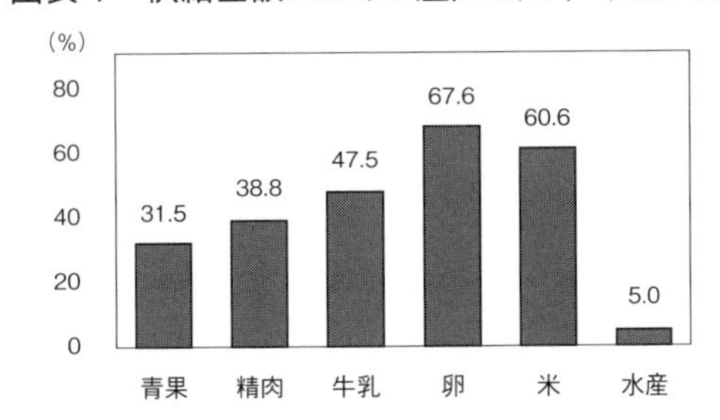

平均であり、各生協個別では、10%未満から90%以上まで幅があります。金額では、全国の主な生協を合計すると約3,000億円となります。

(3) 産地・取引先

生協が産直取引する産地の組織形態は、個人生産者、生産者グループ、出荷組合、JAなど多岐にわたります。そのなかでJAは、青果で約45%、米で約95%（団体数比率）を占め、生協産直にとって大きなウェイトを占めています。

商流も多様で、産直産地との直接取引に限らず、物流や帳合機能を担う、JA全農青果センターや仲卸会社などを通じるケースもあります。その場合、生産を担う産直産地と生協の間で、協定などの取り決めや交流が行われていることが、ほかの一般的な仕入れと異なります。

(4) 「たしかな商品」を届ける取り組み

産直品は、生産地、生産者、生産･流通方法が明確であり、それを記録･点検･検査による検証システムで確かめられていることを、「生協産直基準」で掲げています。そのために様々な取り組みがありますが、多くの生協で取り組まれているのが「生協産直品質保証システム」です（図表2）。生産段階で取り組む生協版適正農業規範・水産規範（GAP）、流通段階で取り

図表2　生協産直品質保証システムの構成

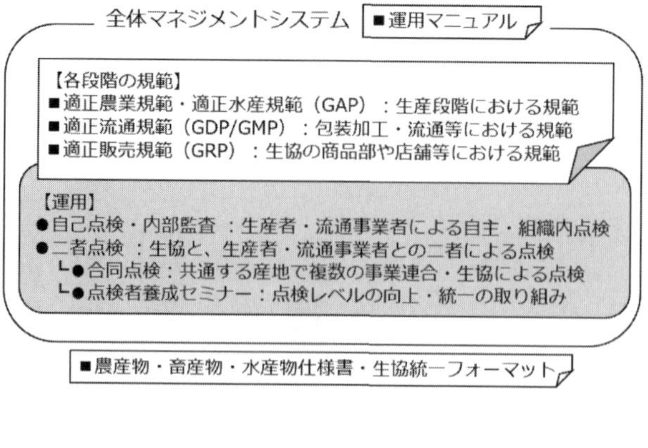

全体マネジメントシステム　■運用マニュアル

【各段階の規範】
■適正農業規範・適正水産規範（GAP）：生産段階における規範
■適正流通規範（GDP/GMP）：包装加工・流通等における規範
■適正販売規範（GRP）：生協の商品部や店舗等における規範

【運用】
●自己点検・内部監査　：生産者・流通事業者による自主・組織内点検
●二者点検　：生協と、生産者・流通事業者との二者による点検
└●合同点検：共通する産地で複数の事業連合・生協による点検
└●点検者養成セミナー：点検レベルの向上・統一の取り組み

■農産物・畜産物・水産物仕様書・生協統一フォーマット

組む適正流通規範（GDP）、販売段階で取り組む適正販売規範（GRP）から構成され、生産から消費までつなぎ、「たしかな商品」を届けることをめざしています。

この取り組みは、2000年台初頭、食品偽装事件や無登録農薬問題など食品をめぐる事件が相次いで発生したことを背景に検討を開始し、生協独自のGAPとして青果版適正農業規範を2006年に運用を開始しました。多くの生協で、この生協版適正農業規範による二者点検によって、産直産地と共に生産工程の改善に取り組んでいます。

現在、GAPの取り組みは行政・JAも積極的に推進しており、JGAPやGLOBALG.A.P.の認証を取得する生産者も増えてきました。それに伴い、認証を取得している生産者はその自己点検を生協版の点検表に代替することができるように、運用を変更しています。

※詳細は「生協産直品質保証システムの取り組み」（日本生協連）をご覧ください。
https://jccu.coop/activity/sanchoku/approach.html

(5)　交流

交流活動は、消費者である生協組合員が産地を訪問して行う交流だけではなく、生産者が生協の店舗やイベント・学習会などに参加する交流、生協の組合員や生協職員が農作業などに参加して学ぶ活動など、多岐にわたります。産地と生協の距離や、品目や各種条件による制約があるなか、可能な交流に取り組んでいるため、活動内容も多様です。

交流は、消費者にその産地の農畜産物を知ってもらう、それが利用につながっていくことはもとより、そこで培われた信頼によって、消費者の利用の継続性や応援・支援活動、生産者のモチベーションにつながっています。

新型コロナウイルスによる行動制限で直接の交流が困難になると、オンラインによる交流が始まり、今まで難しかった遠隔地の産地との交流も可能になり、今まで参加しにくかった生協組合員も参加しやすくなるなど、新たな交流の取り組みに発展しています。

※生協産直の交流の考え方は、「生協産直・産地交流ガイドライン」（日本生協連）をご覧ください。
https://jccu.coop/activity/sanchoku/pdf/kouryu.pdf

3. 生協産直の変遷と産直 3.0

(1)　先駆者の時代　～産地・生産者、栽培方法がわかる産直～

1960 年代後半に生協が共同購入方式による供給方法が形作られ、1970 年代に共同購入による地域生協が全国に誕生していくなかで、生協産直が立ち上がっていきます。そして 1980 年代、生協の事業拡大とともに急成長します（図表 3）。

図表 3　地域生協の宅配（班配と個配）の供給高

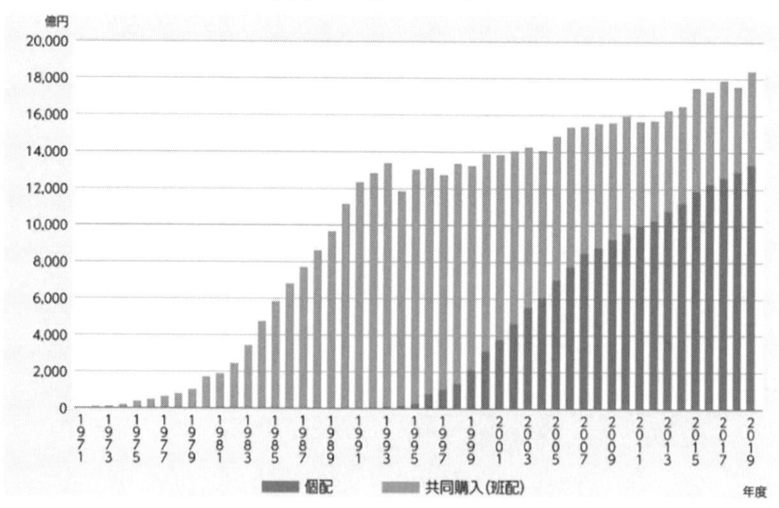

誕生したばかりの生協にとっては、市場や農協から相手にされず仕入れ先を確保できないという悩み、生協に参加した組合員にとっては農薬の使用を減らすなど安全な食品を入手したいという思いがありました。

一方、不安定な市場価格でなく自らが価格決定に関与し安定した価格で出荷したい生産者、市場規格に合わせ農薬や化学肥料を多用する生産に疑問を持つ生産者がいました。

この時代のめぐり合わせで、生協産直が本格的に立ち上がり、生協が急成長するなかで、取り引きする生産者組織も大きくなっていきます。生協組合員の熱心な活動や、生協・生産者組織のリーダーがけん引する、生協産直の「先駆者の時代」といえます。

生産者、生協、生協組合員のそれぞれの事情と思いがありながら、ベクトルは一致しており、「生協産直」＝「安全・安心」という共通の旗印を掲げ、事業としても急成長を遂げます。

(2)　事業として確立する時代　～たしかな商品をとどける産直～

1990 年代初頭まで急成長していた生協の供給高はそれ以降鈍化し、共同購入事業も転換期を迎えます。「安全・安心」や「産直」は、ほかの流通業でも取り入れられ、生協産直の独自性が失われていきます。そのなかで、鮮度やおいしさといった品質上の価値が、ほかの流通業と比較されるようになりました。また、急成長するなかで、本当に約束された生産方法や生産者のものが届けられているのかという問題も発生するようになります。

そのため、生協産直は、ロジスティクス改革や前述した生協産直品質保証システムなど、品質の改善、生産・流通行程の検証システムに取り組んでいきます。この時期、生協の宅配事業は、班というグループに配達する共同購入から、組合員個別に配達をする個配の取り組みが始まり、急速に個配への切り替わりが進んでいきます。組合員のグループである班は、組合員同士の情報交換の場であり、生協と組合員が直接接する場でもあり、生協産直を伝える場でもありました。生協産直は、生鮮品を届ける事業として高度化するとともに､それを取り巻く環境も大きく変わっていきます。

(3) 産直 3.0 ～持続可能性をめざす産直～

生協産直は事業としての完成度を高めるなか、「安全・安心」という点で生協産直の独自性は失われたのではないか、生協組合員に生協産直の取り組みが伝わっていないのではないかなど、いわばアイデンティティの危機が語られるようになりました。

生協産直は、「安全・安心」だけではなく、環境保全型農業への支援、地産地消や国産・自給飼料の活用、新規就農者や若手生産者への支援、食育やエシカル消費の取り組みなど、むしろ活動の領域は広がっています。こうした取り組みをさらに広げていく、生協組合員に伝えていく、参加の場をつくっていくことが課題となっています。

2019 年、日本生協連・全国産直調査を行った産直調査小委員会は、生協産直を「生産者と消費者が協同して課題解決に取り組むプラットフォーム」としてあらためて定義し、生協産直の目的を、「食の安全・安心」とともに、「持続可能な食と農畜水産業・地域」の実現に貢献することまで拡張することを提案しました。この「持続可能性をめざす産直」を、生協産直の歴史上、三つ目のステップとなる「産直 3.0」と呼んでいます（図表 4)。

図表 4 産直 3.0 イメージ

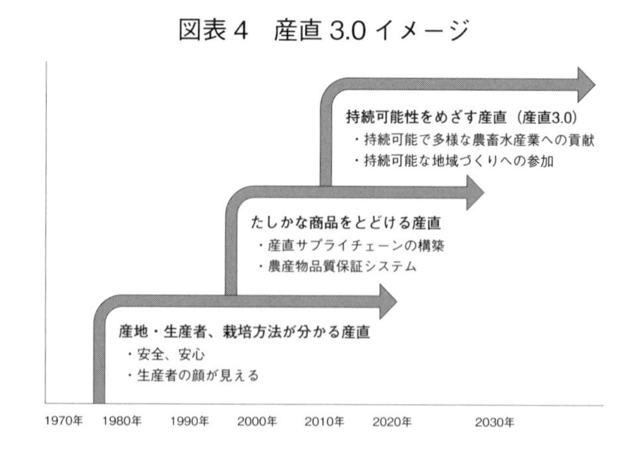

4. 生協産直 3.0 と協同組合間連携

協同組合間提携は、それぞれの時代状況を背景に、農協・生協間でも何度となく課題として取り上げられてきました。今日、農業の持続可能性、さらには地域の持続可能性が大きな社会的課題となっているなか、協同組合間連携の重要性はいうまでもありません。

産直 3.0 が取り組む「持続可能な食と農畜水産業・地域」は、産直の当事者である、生産者・生産者団と生協で完結するテーマではありません。むしろ、それぞれの地域の課題に、生協産直がどうコミットできるのかという問題です。

生協産直がどんな形で、「持続可能な食と農畜水産業・地域」にコミットするのか、いくつかのシーンが想定できます。

(1)　農畜水産物の供給

新たな農畜水産物やその加工品の生産・販売を立ち上げるためには、その量に応じた供給先の確保、消費者のフィードバックなどが必要になります。そうした取り組みを支援する供給方法も模索されています。

生協の宅配事業は一定の量を安定して供給することが必要ですが、その制約を減らすため、複数の産地を組み合わせ必要に応じ数量を調整するしくみや、組合員が予約登録するしくみなどに取り組んでいます。宅配の商品案内書だけでなく、店舗やインターネットなど、供給方法も多様になっています。

(2)　産地をつなぐ取り組み

森林やサンゴ礁、トキの保護への支援活動などに見られる地域の課題への支援活動、自然災害からの復興支援活動、関係人口づくりなどの取り組み事例も増えています。JA と生協だけではなく、行政や地域の諸団体との連携が重要になってきます。

⑶　地域の生協組合員・生協組織の参加と連携

生協もJA同様、組織やシステムは広域化していますが、それぞれの県や地域に活動の主体があり、地域で共に活動することが可能です。

それぞれの地域で連携していくために求められていることは、コミュニケーションです。歴史的にJAと生協が密接に連携している地域もありますが、同じ地域にあってもお互いに近くて遠い存在であるケースが多いのではないでしょうか。コミュニケーションのベースをつくるという意味で、各地域の連携組織やJCAの活動への期待は大きいものがあります。

過去の協同組合間提携では、大きな看板は掲げるが、なかなか実際の取り組みに広がっていかないということもありました。今回の協同組合間連携の取り組みは、課題を抱えるそれぞれの地域で実践事例が生まれ、広がっていくことが期待されます。まずは、課題を持っている人が、結果を恐れず声をかけることを第一歩としたいと思います。

（2022年11月号掲載）

第4章
佐渡トキ応援お米プロジェクトを通じた異種協同組合間連携

一般社団法人日本協同組合連携機構
片岡 昇

1. はじめに

本稿では、佐渡コシヒカリ米を通じた産直連携の取り組みとして、佐渡農業協同組合（以下、JA 佐渡）とコープデリ生活協同組合連合会（コープデリ連合会）がともにすすめる「佐渡トキ応援お米プロジェクト」について紹介します。

JA 佐渡は正組合員数 6,961 人、2021 年（令和 3 年）度の事業総利益 26 億 7,977 万円、当期剰余金は 1 億 2,368 万円となります。新潟県佐渡市をエリアとし、「日本一安心・安全でおいしい農産物の島『佐渡』」をビジョンに掲げ、生きものを育む農法である「生物多様性農業」を進めています。これは、農薬や化学肥料を削減するだけでなく水田が及ぼす多面的価値を理解し、豊かな生態系を守り、生きものが暮らしやすい水田環境を作り出す農法をいいます。

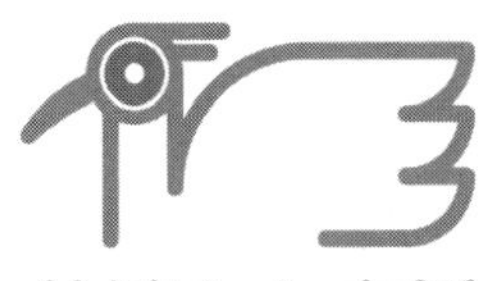

JA 佐渡「安全への取り組み」
https://www.ja-sado-niigata.or.jp/PRcontents/08_for_safety/5warigen.html
https://www.japan.coop/study/pdf/220414_01.pdf

コープデリ連合会は、関東信越の六つの生活協同組合が加盟し、2017年（平成29年）6月に組織名称を生活協同組合連合会コープネット事業連合からコープデリ生活協同組合連合会へ改称しています。2021年（令和3年）度では組合員数520万人、事業高は6,100億円の規模を有しています。2021年（令和3年）には「コープデリグループのSDGs重点課題～2030年までの長期課題と中期方針～」を策定し、「未来へつなごう」をスローガンに掲げ事業と活動を展開しています。

2. 佐渡トキ応援お米プロジェクトについて

JA佐渡とコープデリ連合会が取り組んでいる「佐渡トキ応援お米プロジェクト」の目的は、米という日常の食生活の中で消費される食品を通じ環境保全活動に貢献することです。

佐渡市が進めるトキの生息環境を支援するため、コープデリ連合会はJA佐渡から仕入れた佐渡コシヒカリ米の供給金額の一部を「佐渡市トキ環境整備基金」へ寄付しています。寄付額は次の3つの種類です。

① 「CO・OP産直新潟佐渡コシヒカリ」の重量1kgにつき1円で換算した金額

② 「CO・OP産直新潟佐渡コシヒカリで作ったごはん」3パックにつき1円で換算した金額

③ 「CO・OP産直新潟佐渡コシヒカリで作った焼おにぎり」1点につき1円で換算した金額

2010年のプロジェクト発足から現時点（2022年）まで、累計32,741,592円が寄付され、環境にやさしい米づくりや生ものを育くむ環境づくりに役立てられています。

首都圏や都市部に住むコープデリの組合員は、この仕組みを使い佐渡コシヒカリ米の購入を通じて、環境保全に貢献することになります。また、トキの餌場となる水田の多面的機能と多様な生物が生育・生息する水辺の保全活動について、「生きもの調査」や「稲刈り体験」などのふれあいの機会を通じて、佐渡島の環境保全型農業を考える産直交流の場が形成されています。

3. 佐渡島での水田の発達
～里山の生態系と水田のもつ生物の多様性について～

2021年時点で日本の水田面積は約236万６千ヘクタールとなり、日本において水田は湿地の代替生息地として、生物多様性を維持する重要な役割を果たしています。古くから日本では水田を中心とする里山生態系の中で、生物多様性が生み出す生産物や副産物を利用しつつ持続可能な地域社会を形成してきました。

水田をつくり維持するためには、整備された水利システムとその管理に必要な人的な結合が必要となります。このため人的集約型の農村社会が全国の各地域に発達し、豊かな生物多様性を形成する水田や里山が、農村という地域単位の中で守られてきました。

佐渡市は、江戸時代には金銀の採掘が進み、鉱山開発に従事する労働人口が大きく増加しました。それに伴い島内での食用米の増産が求められ、鉱山開発で得られた測量技術の進歩と鉄製の農機具の発達により、海沿いや山間地まで水田開発が進み、棚田を広げ米の生産力を向上させていきました。

生きものは必ずほかの生きものとのつながりの中で生息しています。それはトキの餌の生物となるドジョウやカエルも同様で、多様な水生生物を育む水田は四季を通じてトキの餌場となり、トキの生育を支えてきました。

4. 1994年からの産直米の取り組みから
2010年の産直連結協定の締結までの経緯

(1)　1994年（平成６年）からのコープ「指定産地米」について

コープとうきょう[※1]では、農協・生産グループを指定した生産地が確かで品質の良い米を「指定産地米」として積極的に供給を進めており、佐渡コシヒカリ米をその１つとして取り扱っていました。

※1　東京を事業区域とする地域購買生協。1999年にコープネット事業連合（コープデリ連合会の前身）に加盟。2013年さいたまコープ、ちばコープと組織合同し「コープみらい」となる。

⑵　2004年（平成16年）8月の台風15号により佐渡コシヒカリ米が瀕死の状態に

コープデリ連合会では首都圏の広範囲な消費者に対し、良質な佐渡コシヒカリ米を安定して供給してきましたが、2004年（平成16年）8月に佐渡島を通過した大型の台風15号により、米の安定供給の仕組みが危機に陥りました。

台風通過直後のフェーン現象による高温と乾燥した風が島の水稲を襲ったためで、稲の水分含有量が大きく下がり、黄金色の穂がシルバー色に変色して枯れる、いわゆる「潮風害」が発生したのです。米の品質はこれまでにないくらい悪化しました。たとえ収穫しても1等米は2割程度という状況で、佐渡コシヒカリ米の品質が確保できない状態となりました。

こうした状況を受け、米穀店では商品陳列棚から佐渡コシヒカリ米はなくなり、ほかの銘柄米にとって代わられていきました。取引においては安定供給が何よりも重要で、一度陳列棚から除外されると、再び陳列されることは難しいとされています。

このため2004年以降、佐渡コシヒカリ米の販売量は3年連続して大きく減少しました。2005年は、生産量の3割に値する5,000tもの米を政府米に回す事態に陥りました。これは生産地にとってはブランド米が政府米へ回るという大変な事件でした。

こうして2004年から2006年にかけての3年間、佐渡の米生産農家は厳しい立場におかれました。米作りの将来が危惧され、佐渡の米生産農家は死活問題に直面しました。当時は3年連続して米が余ると、減反政策の対象となる状況にあり、米の耕作面積が削られてしまうことがいよいよ現実味を帯び始めたのです。佐渡市、JA佐渡、そして米生産農家は佐渡コシヒカリ米の将来を悲観しました。

⑶　佐渡コシヒカリ米の窮地を救った生協からの申し出

台風襲来による2004年の不作の際、JA佐渡は大口取引先のコープネット事業連合に「今年は佐渡コシヒカリ米の供給ができない」と申し入れました。

しかし、コープネットは「こうした状況下であっても、佐渡の米を取り扱うことこそ、指定産地米の目的でもある産地支援につながる」と、佐渡コシヒカリ米の供給継続をすすめました。この結果、2等米を含めて販売することが両者で合意され、佐渡コシヒカリ米の供給が継続されたのです。佐渡米を扱っている米穀店の商品棚からは消えましたが、コープが基盤とする首都圏の組合員への供給は引き続き継続されました。産地の自然災害により瀕死の状態に陥った佐渡コシヒカリ米を、都市の生活協同組合の組合員が支えたのです。

(4)　佐渡における環境保全型農業への転換の始まり

こうした状況の中、JA佐渡では環境保全型農業への取り組みが本格的に議論されました。また同時に、佐渡市では佐渡コシヒカリ米を「独自のブランド米」として確立するための戦略が練られました。

佐渡市は2004年3月、島内の旧10市町村の合併で誕生しましたが、初代市長に就任した高野宏一郎氏が「観光の島から環境の島へ」をスローガンとして島の環境政策に早期から取り組んでいたという前史があり、環境にやさしい米づくりや環境保全型農業への転換が推進される下地が農村地域に備わっていました。

(5)　みんなで3割減減栽培の推進

JA佐渡の環境保全型農業の取り組みについて

JA佐渡では、佐渡市が掲げた「観光の島から環境の島へ」のスローガンをもとに、水田の多面的機能を活用した環境保全型農業への取り組みのため、農家に対して化学合成農薬と化学肥料を3割減らす「3割減減栽培」の指導を進めました。

当時は、「稲が病気になったらどうするのか」、「良い米ができなくなるため自分たちの収入が減少するのではないか」といった心配の声も出ていました。しかし、JA佐渡では化学合成農薬に頼る米作りでは技術的な進歩がないこと、そして佐渡コシヒカリ米のオリジナリティを出さない限りほかのブランド米の中に埋没してしまうことなど丁寧に説明し、理解を求めていったのです。

(6) トキの餌場をつくるための「朱鷺と暮らす郷づくり認証制度」を設定

「朱鷺と暮らす郷づくり認証制度」は、トキの餌場をつくるために設定されましたが、一方で全国のほかのブランド米との差別化をはかるための布石でもありました。企画したのは、現在（2022年10月時点）の市長である渡辺竜五氏であり当時は佐渡市の農業政策の担当者でした。渡辺市長は当時を振り返り、「『佐渡市認証米制度』の立ち上げの際、周囲からは小さな自治体である佐渡市が認証した米が、はたして全国的なブランド力を有するのかと問われたことがあった」と語っています。しかし、結果としてこの心配は杞憂に終わりました。

佐渡コシヒカリ米は、2008年の発売初年度から13年連続で完売しました。2015年に国連で採択された「持続可能な開発目標（SDGs）」への社会的関心も追い風となりました。里山生態系に配慮し水田の多面的な機能を理解し、価値を守りながら作られたブランド米に消費者から高い関心が集まって売れ行きは好調です。

佐渡市では新たに「5割減減栽培」の推進について補助金制度を設け、独自の認証米の誕生にむけて主導していきました。当初、米生産農家はネガティブな反応を示したものの、佐渡島独自の環境保全型農業へ向けて、JA佐渡と佐渡市が一体となり取り組みを進める姿をみて次第に賛同者が増えていきました。

(7) 佐渡市独自の認証米「朱鷺と暮らす郷」の発売開始

「朱鷺と暮らす郷」米の具体的な基準は次の通りです。これらの要件をすべて満たした米が佐渡市の認証米「朱鷺と暮らす郷」となります。

① 化学農薬・化学肥料を減らして（地域慣行比5割以上の削減）栽培された米であること。

② 「生きものを育む農法（江（深み）の設置・ふゆみずたんぼ・ビオトープ

の設置・魚道の設置)」により栽培されたものであること。
③　生きもの調査を年2回実施していること。
④　水田畦畔等に除草剤を散布していない水田で栽培されたこと。
⑤　佐渡で栽培された米であること。
⑥　米のおいしさを追求するためタンパク含有率を6.2%以下とすること。
⑦　1等米で格付けされたお米であること。

2008年産米から「朱鷺と暮らす郷」の発売が開始されました。この年は第1回目のトキの放鳥が実施され、10羽のトキが佐渡の大空に向かって翼を広げていった年でもあります。

2004年に佐渡島を襲った大型台風の影響で、一時瀕死の状態に陥った佐渡コシヒカリ米は、「朱鷺と暮らす郷」として独自のブランド力を携え、10羽のトキが放鳥された年に大きく全国へ羽ばたいていったのです。「水田を守りトキと共生する島」を標ぼうしてきた佐渡島は1つの到達点を迎えました。

JA佐渡の総務部部長の渡部学さんは当時のことを次のように振り返っています。「放鳥されたトキが5割減減栽培を行っていない水田に舞い降りたことがありました。これを見た水田の所有農家は『こうしてトキがせっかく訪れてくれたのだから俺もやらにゃあ』とつぶやき、これまで取り組んでいなかった5割減減栽培を開始しました。まさにトキが策士のように思えた出来事のようでした」と。

その後、2012年産米からJA佐渡コシヒカリ米全量が5割減減栽培となりました。ちなみに、その年は36年ぶりに野生下で、トキのヒナが新たに誕生した年となりました。

(8)　2008年、食の安全を揺がす中国冷凍餃子事件が発生

トキの放鳥が初めて行われた2008年には、日本の食の安全を揺るがす大事件が発生しました。「中国製冷凍餃子事件」です。中国製冷凍餃子事件とは中国天洋食品が製造し、日本に輸入された冷凍餃子で、3家族10人が高濃度の有機リン系殺虫剤メタミドホスにより急性中毒を発症した事

件です。うち２家族は日本生協連のコープ商品での発症でした。

これを機にコープネット事業連合では「信頼回復」に向けて、食の安全性の向上に対する取り組みと、産地との結びつき強化の施策が進められました。産地との結びつきをより深めるため、2009年６月には赤松光理事長がJA佐渡の産地視察会に招かれる形で訪問しました。これを契機に、JA佐渡、佐渡市、コープネットでの話し合いにより佐渡トキ保護活動に関する連携協定への動きが起こりました。連携協定の主題は次の３点です。

① 佐渡市のトキの保護活動の取り組みを支援すること。

② 佐渡産コシヒカリの販売を通じ、生物多様性の大切さを消費地へ浸透させること。

③ 産地視察や農業体験を通じてそれぞれの組合員の交流を深めること。

佐渡市とJA佐渡には、2008年に開始した佐渡の認証米（「朱鷺と暮らす郷」）の販売を安定させるため、首都圏での販路を維持・拡大させる目的がありました。また、佐渡島の自然環境を、歴史・文化とともに守り活かす佐渡島エコツーリズムを通じ、消費者と佐渡との結びつきを強めていこうとする意図がありました。こうした動きはコープネット事業連合側の「産地との結びつき強化」の施策と一致したものとなりました。

同時期、それぞれの主体（佐渡市、JA佐渡、コープネット）に生じた多面的な課題を解決するために、お互いが結びつき、社会的連帯を強め連携協定の締結にたどり着きました。

(9) 「佐渡トキ保護活動」を目的とした連携に関する協定書の締結

2010年４月30日、広範囲な佐渡トキ保護活動を展開することを目的に、佐渡市、生活協同組合コープにいがた、生活協同組合連合会コープネット事業連合、JA佐渡、全農にいがた、全農パールライス東日本株式会社、日本生協連の７者で「佐渡トキ保護活動」を目的とした連携協定を締結しました。

この協定の目的は次の２点となります。

第１に、佐渡におけるトキの生息環境向上に寄与し、佐渡市が推進するトキの野生復帰への取り組みへの支援をはかること。

第2に、トキ保護活動への参加や環境保全型農業への支援を通じて佐渡市とコープデリとの相互理解の交流をはかること。

この協定の中で「CO・OP 産直新潟佐渡コシヒカリ」の重量1キログラムにつき1円で換算した金額を寄付する取り決めがされ、締結時には年間 140 万円程度の寄付が想定されていました。しかし、2022 年には当初の想定を大きく上回る 3,149,822 円が寄付されています（図表1、写真1）。また、今では佐渡コシヒカリ米の4分の1程度がコープデリをはじめとした生協に販売されている状況となっています。

図表1　『佐渡トキ応援お米プロジェクト』寄付額の推移

年	寄付額（円）
2010	1,563,028
2011	2,400,000
2012	2,089,894
2013	2,154,003
2014	2,400,000
2015	2,415,546
2016	1,805,473
2017	2,710,671
2018	2,708,842
2019	2,672,752
2020	3,237,683
2021	3,433,878
2022	3,149,822
寄付額累計	32,741,592

写真1　『佐渡トキ応援お米プロジェクト』寄付金贈呈式
（左から）JA 佐渡 堅野信理事長、佐渡市 渡辺竜五市長、コープデリにいがた 登坂康史理事長、コープデリ連合会 永井伸二郎副理事長

5. おわりに　──今後の協同組合間連携への期待について──

佐渡島の人口は、1950 年に 125,597 人でしたが、2022 年 8 月時点で 49,339 人に減少し 5 万人を割り込みました。

人口の減少傾向を踏まえ、渡辺市長は「佐渡が若い人に魅力のある場所となり、若い人が佐渡に住みたいと思うことが重要」と唱えています。「佐渡の人間が佐渡の良さを情報発信しても島内の住民には感じにくいが、ほかの地域に住んでいる人が客観的に佐渡の良さを評価し、伝えることで島の住民は新たな魅力を感じることができる。生協との産直による人的交流などを通じた、協同組合への期待もここにある」と語ります。

渡辺市長の言葉からは、生きものが育くむ多様性豊かな里山の環境を子どもたちに引き継いでいってほしいという思いが込められており、中長期的な地域振興にあたって、現在実施している異種協同組合間の人的交流への期待が大きいことがわかります。

就農者の次世代の担い手創出という観点からも、産直の組合員同士の直接交流は、非農家の新規参入といった新たなきっかけづくりにもなります。また、佐渡島の環境保全型農業の後継者候補となる農家の子どもたちは、都市に居住する組合員から佐渡島の生物多様性を育む農業の価値について気付かせられることで、農業に誇りを持つことができ、親元就農の推進へとつながっていきます。親元就農は農業の経営継承や栽培技術の伝達が地域で進むことを意味し、産地の生産基盤をより強化することにつながっていくのです。

一方、都市で生活する子どもたちは異種協同組合間連携の中で、佐渡島での「生きもの調査」や「稲刈り体験」などを通じて世代を超えた交流の場を得られ、農業が育む水田の豊かな生態系を深く知ることができます。同時に棚田をはじめとする日本の美しい農村文化を学ぶ機会を得られ、佐渡島のみならず、日本各地の地域実態に即した風土や文化を見直すことにつながっていくのです。

「佐渡トキ応援お米プロジェクト」を通じた協同組合間連携の事例を見

ていくなかで、地域社会の疲弊が進むなか、協同組合が社会的連帯と地域社会の開発において新たな可能性を生みだす身近な存在であることがわかります。そこにあるのは、大都市につながれ吸い取られる対象としての「地域」の姿ではありません。交流を通じて地域の価値を発見し、引き出し、補完し合ってお互いの利益を生み出し、享受する仕組みづくりです。これこそ異種の協同組合間連携が果たす、１つの到達点ではないでしょうか。

（2022年12月号掲載）

第5章 「協同組合連絡会議こうち」を中心とした、高知県での協同組合間連携について

一般社団法人日本協同組合連携機構
西川 洋一郎

1. はじめに

高知県では、高知県農業協同組合中央会（以下、JA 高知中央会）、高知県生活協同組合連合会（以下、高知県生協連）、高知県森林組合連合会（以下、高知県森連）、高知県漁業協同組合連合会（以下、高知県漁連）、日本労働者協同組合（ワーカーズコープ）連合会 センター事業団 四国開発本部（以下、ワーカーズコープ）の五つの協同組合で構成する「協同組合連絡会議こうち」が、協同組合連携の中心となって活動しています。

各協同組合が知恵を出し合いながら、地域課題解決や、協同組合活動の周知に取り組んでいます。

本稿では、「協同組合連絡会議こうち」設立経緯から現在の活動までをご紹介します。

2.「協同組合連絡会議こうち」設立経緯

(1) 事業連携による土台

1992 年、こうち生活協同組合（以下、こうち生協）と当時の高知県経済連（現高知県農業協同組合）は、共同出資して㈱協同プロセスこうちを設立しました。同社は徹底した衛生管理の下、県内産肉の加工・製造・販売を行い、長い時間を掛けて、協同組合間連携の実績を積み重ねていきました。

2019年には、農産物直売所「JAファーマーズマーケットとさのさと」（写真1）と同じ敷地内に、「食」「地域」「自然」を通じて人がつながる拠点として、レストランや県産品販売コーナーもあるJAの複合施設「AGRI COLLETTO」（写真2）がオープンしました。野菜はJA、魚は漁協、肉は㈱協同プロセスこうちから仕入れ、県の木材を使用した販売台を森林組合が納入するという、当県の協同組合間連携を象徴する場所となっています。

高知県の協同組合には、事業連携を通じた信頼関係が構築されているのです。

同じ敷地内にはスーパーマーケットの「サニーマートとさのさと御座店」もあり、「JAファーマーズマーケットとさのさと」で新鮮な農産物を購入し、サニーマートとさのさと御座店では、そのほかの食材を購入する、という相互補完が成立しています。

この「商品相互補完による顧客利便性向上」というメリットのほかにも、「あちらにも寄ってみようか」という、各施設による複合的な集客効果や、駐車場の共有による維持コスト低減が、メリットとしてあげられます。

敷地内には大規模イベントスペースを設けており（駐車場と併用）、アフターコロナを見据えた地域情報発信拠点として、協同組合フェスタ等大規模イベント開催による一層の集客、県内外の観光客と地元住民との交流促進、地域貢献を志望する市民の地域活動への参加による地域活性化貢献等も期待されます。

写真1　JAファーマーズマーケット
とさのさと

写真2　AGRI COLLETTO

(2) 協同組合デー高知県集会の共同開催から「協同組合連絡会議こうち」設立へ

「協同組合連絡会議こうち」設立以前から、JA グループ高知、高知県生協連、高知県森連、高知県漁連は、協同組合人の共通テーマである「人間らしく心豊かな暮らし」の実現のため、協同組合運動の意義と協同組合の役割を再認識し、相互の連携と協力関係を強めるとともに、親睦·交流をはかることを目的として、毎年、協同組合デー高知県集会を共同で実施していました。

2003 年頃から、協同組合間の連携をさらに強化し、上記 4 団体が協力して、食料や農林漁業・環境等に関する情報発信等を行うための組織づくりについて、事務局レベルでの協議を開始。「協同組合連絡会議こうち」設立合意に至り、2004 年 7 月 12 日、協同組合デー高知県集会開催日に設立されました。

2021 年、上記 4 団体にワーカーズコープが加わり、現在では 5 団体で構成されています。

3.「協同組合連絡会議こうち」の目的と幹事会

(1) 目的

食料の生産流通、地域の環境と密接な関係にある産業に関わる県内の協同組合が、食料と環境、農林漁業について意見と情報を交換し、点の活動を、点から線、線から面の活動へと広げていくとともに、課題に対する基本的な考え方の共有と提案·情報発信をしていくことを目的としています。

(2) 幹事会

「協同組合連絡会議こうち」の構成団体から選出された幹事によって構成される幹事会が、毎年度の事業計画、経費の負担方法等を決定しています。

幹事会の常任事務局は JA 高知中央会が務め、協同組合デー高知県集会事務局は、2 年毎の各団体持ち回りで担当し、特別な催しや活動を行う場合の事務局は、提案した団体が務めることを原則に、その都度幹事会で協議・決定しています。

会費制とはせず、催しや活動を行う場合の経費は、都度負担方法を幹事会で協議し、決定しています。

4. 2022年度の活動

(1) 第32回協同組合デー高知県集会

2022年の事務局はJA高知中央会が務め、7月14日、会場のサンピアセリーズに41名が集まり、Web同時配信で実施されました（写真3）。

JA高知中央会 久岡隆会長の主催者挨拶、ワーカーズコープ四国開発本部 酒井厚行本部長の実践活動報告に続き、JCA伊藤常務以下で、「協同組合のアイデンティティに関するICA声明」「協同組合の取り組とSDGsへの貢献」について、記念講演を実施しています。

大会の最後には、高知県漁連 総務課 宮本健太郎係長がICAメッセージを、こうち生協 運営企画グループ 野村育子サブマネージャーが、本日を契機に協同組合のアイデンティティへの理解を深め、協同組合らしさを発揮した、よりよい社会づくりへの取り組みと、社会への発信をすすめていくことを、当日申し合わせとして読み上げ、高知県森連 浜渦隆徳総務部長による閉会宣言をもって、盛会のうちに閉会しました。

写真3 第32回協同組合デー高知県集会

(2) フードドライブとNPO法人こうち食支援ネットへの食品等贈呈

写真４　集められた食品等の一部

10月3日から14日にかけて、高知県生協連が事務局となり、高知県内の協同組合の事務所など24か所で、家庭や企業などで使い切れない未使用食材などの寄付を募る、フードドライブを実施しました（写真4）。

事務局の高知県生協連は､「協同組合連絡会議こうち」の他団体に対して、以下を集め、分別し、計量･記録のうえ、管理保管するよう説明しています。

・賞味期限が明記されており、期限が１か月以上ある食材
・梱包されている袋や箱が開封されていない食材
・常温で保存可能な食材（生鮮食品や酒類は不可）
・その他、ベビーフード、介護食、粉ミルク、備蓄食料品、衛生用品

各団体は、引き受けできない品物が混入していないかどうかを確認のうえ、それぞれの事務所で管理・保管して持ち寄っています。この結果、計905.04kgの米や加工食品等の食材などが集まり、NPO法人こうち食支援ネットへ贈呈されました。

食材などを受け取った同法人からは、多くの支援団体からの協力に対する感謝と、一人でも多くの生活困窮者に物資を届け、地域を元気にしていきたい旨の表明がありました。

集まった食材などは、県内のこども食堂等を通じて、生活上の困難を抱える世帯等に届けられます。

この取り組みは、日本農業新聞や高知新聞でも報道されました。

(3) そのほかの取り組み

ワーカーズコープが事務局となり、協同組合紹介、および理解醸成に向けた広告用資材の作成に取り組んでいます。ポスターにもチラシにも使えるものを志向し、ワーカーズコープの原案を元に、構成団体の意見を集め

て、和気藹々と作成中です。

また、お互いの団体をさらによく知ろうという発想から、協同組合学習会を開始しました。

第１回は高知県森連が事務局となり、①高知県林業労働力確保支援センター、②木材市場、③バイオマス発電所の三つの候補の中から、①を選択しました。９月13日に幹事会メンバーが高知県森連会館を訪問し、CLT[※1]建築について説明を受けた後、同センターに移動し、高性能林業機械等を見学するとともに、森林組合連合会や林業等について学びました。

協同組合の相互理解を、益々深めています。

5. むすびに

それぞれの地域に根差して活動する協同組合は、地域の一員として、地域の抱える課題解決に立ち向かう必要があります。

複雑化する地域課題に対し、協同組合単独での対応には限界があり、資金調達やコスト低減、リソース活用の観点からも、課題に単独で取り組むより、複数組織が協力すれば、より大きな課題に対して効果的に立ち向かうことができます。

今回ご紹介した高知県の協同組合の皆様のように、お互いをよく知る努力を継続して信頼を一層強固にし、各々の協同組合が、得意分野については中心となり、より得意な仲間がいる取り組みには「あいのり」して進めていけば、地域は一層住みやすく、魅力ある場所になっていき、結果として協同組合の存在価値は、一層向上していくのではないでしょうか。

今回、県域での取り組みをご紹介くださった、協同組合連絡会議こうちの皆様に、あらためて感謝申し上げるとともに、皆様の地道な取り組みが、従来以上に素晴らしい高知県を作り上げて行くことに対して、深甚な敬意を表明し、筆を置かせていただきます。

（2023年２月号掲載）

※１　Cross Laminated Timberの略。繊維方向が直交するように積層接着した木質系材料のこと。建築の構造材のほか、土木用材、家具などにも使用。

第6章
支援の輪が波紋のように全道に拡がった「ほっかいどう若者応援プロジェクト」

一般社団法人日本協同組合連携機構
文珠　正也

「ほっかいどう若者応援プロジェクト」とは、新型コロナウイルス感染症の拡大で困窮する北海道で一人暮らしをする大学生に対し、「食の支援」を通じて、学校生活を送るうえで必要な相談情報を知らせ、コロナ禍の厳しい状況のなかでも、「安心して学び生活できる環境づくり」に取り組む活動です。

図表1　実施大学　14大学

実施大学	回数	配布人数
北海道大学	2回	2,000人
札幌大学	2回	500人
天使大学	1回	500人
北海学園大学	2回	1,180人
札幌学院大学	2回	450人
酪農学園大学	2回	1,750人
北海道教育大学	2回	200人
北星学園大学	2回	300人
北海道千歳リハビリテーション大学	1回	300人
公立千歳大学	1回	152人
小樽商科大学	2回	400人
釧路公立大学	2回	450人
北海道教育大学	2回	350人
旭川大学	2回	450人

ほっかいどう
若者応援
プロジェクト

連合北海道や道内の協同組合、そして道内の企業や団体、道民までもが支援に参加し、“オール北海道”で支援活動が行われました。

その結果、2021年2月から2022年1月までの1年間で、延べ44大学45キャンパスで1万6千人分を超える「食の支援」が行われました（前頁図表1）。

本稿では、このプロジェクトの実行委員会事務局長の坪田伸一氏[※1]に取材させていただいた内容を中心に、1つのつながりが、北海道内の様々なネットワークへとつながり、さらにそこに加盟する様々な組織や団体がつながって、どのように支援の輪が広がっていったかを報告します。

1.1人暮らしの大学生が多い北海道

北海道の大学は、もともと道外出身者が多く、また、道内出身者であっても「自宅からキャンパスが遠い」や「学部が離れている」等の理由で一人暮らしをする学生が多くいます。

2020年、新型コロナウイルス感染症が国内でもまん延し、ステイホームが呼びかけられ、人と人が直接会ってコミュニケーションをとることが難しくなると、大学の授業もオンラインが中心となります。

文部科学省が全国の大学生に対して行った調査では、2020年後期の授業は、「ほとんどすべてオンラインだった」と回答した割合は6割以上、とくに1年生は「友人を作ることもできず孤立化している」と発表しています。

さらに、8割の学生がアルバイトをしていましたが、緊急事態宣言の発令で2割の学生が「収入が大きく減少した」と回答し、その7割が「勤務先の時短営業で仕事ができなくなったり、解雇された」と回答しています。

親元から離れ、一人で暮らす大学生は、経済的にも精神的にも厳しい状況におかれていました。

※1　坪田伸一（つぼたしんいち）：参与・連合北海道総合政策局長・ほっかいどう若者応援プロジェクト実行委員会事務局長

また当初プロジェクトでは、食が心を支えるとは考えていなかったといいます。しかし、大学の配布会場で「学生のこころの相談」を行っていた保健師から、「経済的に困窮した学生は、まず食費を削る。しかし、友人とも直接のコミュニケーションがとれない今、食べることを失うと心が蝕んでいく。だから、食べることはとても重要だ」と聞き、プロジェクトは学びとくらし、そして心を支える活動だと確信したといいます。

2. ほっかいどう若者応援プロジェクトの始まり

ほっかいどう若者応援プロジェクト実行委員会事務局長の坪田氏によると、当初、連合北海道では、コロナ禍で困窮する非正規や飲食店、厳しい経営環境におかれた宿泊業や飲食・サービス業などの産業に勤める従業員の雇用や生活をどのように守っていくかということに関心が向いて、大学生への支援は考えていなかったといいます。

しかし、北海学園大学の川村雅則教授が調査した「学生アルバイト白書」の速報を読み、雇用保険の対象でない学生は、コロナ禍で休業したり、解雇になっても休業手当などの保障が受けられていないなど、学生は制度の隙間におかれていること。全国大学生活協同組合連合会が行った「学生生活実態調査」によって、自宅外生のアルバイト収入はコロナ前に比べ２割減少し、それだけでなく、とくに１年生は「友達ができない」「授業や勉学上の不安」を抱えていることなど「くらし」「学び」「コミュニティ」の3つの危機に直面していることを知り、さらに新聞報道等で全国的にも学生の支援が始まっていることを知って、一人暮らしの大学生の多い北海道でこそ、支援する動きを作らなければと考えたといいます。

そこで、坪田氏は大学生を支援するにあたって、最初に「北海道労働者福祉協議会（以下労福協）」に相談します。労福協には北海道生活協同組合連合会（以下道生協連）が加盟しており、道生協連には大学生協事業連合会北海道ブロック（以下大学生協連）が加盟しているので、その大学生協を通じて支援活動が行えないかと相談したことがきっかけで、連合北海道・労福協・道生協連・大学生協連の４つの団体で構成される「ほっかいどう若者応援プロジェクト（以下プロジェクト）実行委員会」が設立されます（図表2）。

坪田氏は、「労福協のつながりはもちろんだが、北海道大学生協の元専務が道生協連の事務局にいたことで、北海道大学生協の専務にも実行委員に参加していただくことができるなど、鍵となる団体へスムーズにつながることができた」といいます。

図表2　ほっかいどう若者応援プロジェクト　事業スキーム

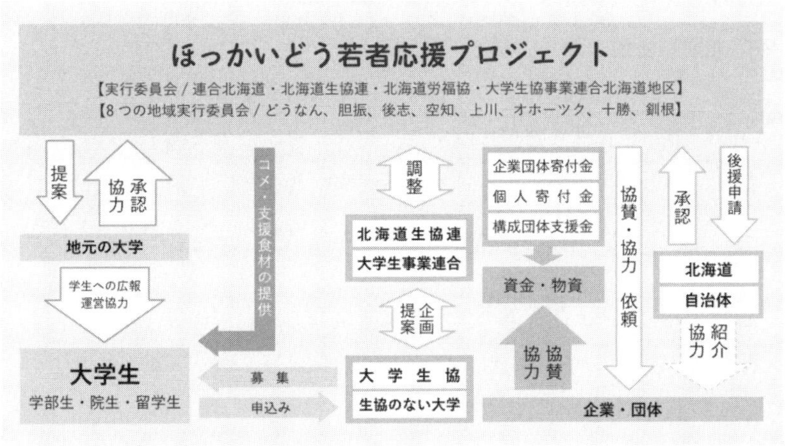

ほっかいどう若者応援プロジェクト
【実行委員会／連合北海道・北海道生協連・北海道労福協・大学生協事業連合北海道地区】
【8つの地域実行委員会／どうなん、胆振、後志、空知、上川、オホーツク、十勝、釧根】
提案
協力 承認
地元の大学
学生への広報 運営協力
大学生
学部生・院生・留学生
コメ・支援食材の提供
募集
申込み
調整
北海道生協連
大学生事業連合
企画 提案
大学生協
生協のない大学
企業団体寄付金
個人寄付金
構成団体支援金
資金・物資
協賛 協力
協賛・協力 依頼
承認
後援申請
北海道
自治体
紹介 協力
企業・団体

3. 目的が異なる様々なネットワークが有機的につながり、広がる助け合いの輪

プロジェクトを実施するためには、まず、食材など物資の調達と資金の確保が必要ですが、このプロジェクトでは、様々なネットワークが有機的につながることでそれを実現していきます。

(1)　食・みどり・水を守る道民の会から広がる支援の輪

主要な食材となる「米」は、連合北海道と北海道農民連盟で構成する「食・みどり・水を守る道民の会（以下道民の会）」の仲介で、ホクレンから特別条件で購入し確保します。道民の会は、コロナ禍で需要が低迷する道産米の購入を促進するために「道産米消費拡大プロジェクト」を展開しており、ほっかいどう若者応援プロジェクトはこの道民の会のプロジェクトを通して、生産者の支援にも貢献することになり、一方的な支援ではなく、異なる目的のネットワークがそれぞれの目的にも貢献できる連携となり、関係性を深めていきます。

また、ホクレンは米の配送でも協力しており全道に支援を広げた第2弾以降、「ホクレンの役割は大変重要だった」と坪田氏はいいます。

(2) 北海道生協連から広がる支援の輪

プロジェクトで提供したのはお米だけではありません。ラーメンや缶詰といった膨大な食材を確実に調達し、配送するのは素人の手に余ったといいます。そこで、同生協連が日本生活協同組合連合会を通じて食材や日用品を一括手配し、道内各地の大学に配送する段取りまでを賄うことになります。

また、同生協連は北海道の異なる協同組合で構成される「協同組合ネット北海道（以下ネット北海道）」にも支援を要請し、ネット北海道もこのプロジェクトの支援団体として参加することになります。ネット北海道は、単一の協同組合では解決できないことを複数の協同組合の協同で解決し、北海道経済の発展と道民の生活向上に寄与することを目的とするJAグループや漁連、森林組合、生協といった協同組合を中心に18の組織が加盟する団体です。

ネット北海道が参加したことで、各地の生協[※2]やJA[※3]等も参加し、さらにはそれぞれの持つネットワークを通じて民間企業もこのプロジェクトに参加、一気に支援の輪が広がっていきます。

支援の輪の広がりは、資金の調達でも大きな役割を果たします。このプロジェクトに寄せられた寄付金は総額で約3千3百万円、寄付件数は532件にもなります。とくに、寄付金のうち約2千万円はコープさっぽろの組

※2　コープさっぽろ、北海道生活クラブ生協
※3　JA新函館、サロマ、幕別、知床斜里農協、十勝清水町農協、JA道央

合員からの寄付金で、ネット北海道の参加は資金面でも大きな支援となりました（図表3）。

図表3　寄付金・支援物資

	企業・団体	個　人	合　計
寄付金	29,420,728	3,523,000	32,943,728
寄付件数	379	153	532

4. 様々な舞台で役割を発揮する仲間

このプロジェクトは異なるネットワークがつながって様々な団体と結びつくことで成り立っている特徴があることを説明してきましたが、もう1つの特徴として、活動の様々な場面で支援団体がそれぞれの持ち味（強み）を生かして協力している点があります。

(1)　食材

JAや生産者は米や生産物の提供、ホクレンは米、そのほかにも、乳業メーカーはロングライフ牛乳を無償で提供し、コロナ禍で余剰が危惧された牛乳の消費拡大もこのプロジェクトで実践しています。

また、同生協連は全国組織の日本生協連に協力を要請し、大量の食材を好条件で調達しています。

(2)　配送

ホクレンは全道に広がる自組織の拠点から、開催される大学まで米を届け、道生協連とコープさっぽろは自組織の物流網を活用して食材等の物資を届けるなど北海道全域で行われるプロジェクトには欠かせない存在だったといいます。坪田氏によれば、「北海道大学で行った第1弾の時は、連合北海道の事務所を倉庫代わりにし、そこからレンタカーを借りて会場まで自分たちで配送したが、とても大変で、『素人には手に負えないな』と感じた」と感想を述べています。

全道が対象となった第２弾以降は連合で関係がある日本通運が物資の配送について助言や協力し、ホクレンや生協連もそれぞれの物流網を活用して物資の配送に協力してくれたことでスムーズに支援物資を会場まで届けられたといいます。

(3)　会場の確保と配布準備

食材を配布するにあたっては大学生協が活躍します。大学生協が各大学に協力を要請し、構内に会場を確保するとともに、学生への情報提供の協力を取りつけます。また、食材を配布するには１人ひとりに手渡しできるように、あらかじめセットする必要がありますが、この袋詰めは大学生協の職員が行っています。

(4)　事務処理

このプロジェクトは１年にわたり実施されており、食材の仕入れなど事務処理を片手間に行うことが難しいため、お金は実行委員会が管理し、それ以外の仕入れや請求書の管理など細々とした事務は大学生協連に委託されていました。資金を使って購入する食材は、一旦、大学生協が仕入れ、実行委員会への請求や各会場への配送指示を含め大学生協連が管理する仕組みです。

写真１　支援風景

大学生協はコロナ禍で授業が遠隔授業になったことで学生がキャンパスに来なくなり、食堂や購買部の業務に支障が出て、経営的にも厳しい状況にありました。そのため、大学生協連はプロジェクトに事務処理手数料（利益）を乗せて請求し、その利益を各地の大学生協へ配分することで、食材の袋詰め等の労賃の一部に充填するような仕組みをとっています。

このようにこのプロジェクトには互いの事情を考慮した仕組みが随所に出てきます。

5. 参加した組織や団体が主役のプロジェクト

このプロジェクトでは、実施過程の各プロセスで協力している組織や団体が自らの強みが生かせるように組み合わされており、それぞれの強みを活かすことができるからこそ無理なく長期間にわたる支援活動を主体的に行えたのだといえます。松原[※4]は『協力のテクノロジー』で、協力には3つの類型（タイプ）があり、「ともに目的が同じで同じように行動する」協力1.0、「ともに目的は同じだが、主役AにBが協力する」協力2.0、「目的は違うのだが、同じ目標を達成することで、自らの目標も達成する」協力3.0があるといいます。

ほっかいどう若者応援プロジェクトはまさに、協力3.0にあたります。協力3.0はもっとも難しく、そのためには自分と相手と直接の関係者の外部にいる人たちの（世界の利益）ためになる関係を明確にし、関係者が理解できるように工夫（舞台）が必要だといいます。そのため、各ステージに関係者が主役として活躍できる場を創ることが必要だとされます。プロジェクトは各団体の強みを発揮できる場があったことで大きな成果になったのだと考えます。どこかの団体がやっていることに単に協力する（協力2.0）のではなく、資金の確保、食材の調達や配送という場面で、参加する支援団体自らが責任をもって対処する場面があることで、参加団体の主体性が生まれ、プロジェクトへの求心力が高まり、広がったと考えます（次頁図表4）。

※4　松原明 2022年『協力のテクノロジー』

図表４　ネットワークの相関図

波紋のように広がる
ほっかいどう若者応援プロジェクト

6. さいごに

今回、取材させていただいた坪田氏は「実行委員の１団体でも欠けていたら、このプロジェクトはうまくいかなかっただろう」また、「札幌を中心に始まったこのプロジェクトは、実行委員が加盟する様々なネットワークへ有機的につながっていくことで、まるで水面に落ちたしずくの波紋が大きく広がるように、“コロナで困窮する学生を食で支援する”という１つの目標の下、北海道の様々な人々とつながって、北海道全域に善意の活動が広がっていった。その結果、それまで出会ったことも、その存在すら知らなかった方たちの協力が得られて、このプロジェクトは実現できた」と実行委員の持つネットワークの重要性を強調するとともに、「このプロジェクトでできた“つながり”は、きっとほかの様々な社会課題の解決にも応用できるのではないかと考えている」と述べています。

「ほっかいどう若者応援プロジェクト」は、２つの示唆を提供してくれています。１つ目は、共通目標を見出すこと。連合北海道という１つの団体が北海道労福協というネットワークに課題を持ち込むことで、実行委員会ができ、さらに各実行委員が加盟する様々なネットワークへと解決すべき課題を伝え、賛同の輪を拡げ、ネットワーク間の連携を進める過程で、それぞれのネットワークの設立趣旨（目的）は違っても「困窮する学生を支援する」という共通の目標を見出したことです。

２つ目は支援団体が互いの強みを活かして参加する機会（舞台）が創られたことで、他者への協力（協力2.0）ではなく、自らの活動となっていることです。その結果、参加した団体がそれぞれ主体的に自らの課題の解決に取り組むかのような一丸となった協力体制を構築しています。

この「共通目標の形成」と「強みを活かした参加機会の創出」は、地域課題の解決を目指す、異種協同組合の連携にも応用できるものだと考えます。

（2022年７月号掲載）

第7章
「OCoNoMiおおさか」の設立とこれまでの活動

大阪府協同組合・非営利協同セクター連絡協議会 幹事会
大阪府生活協同組合連合会　小山 正人

1. 設立の経過

大阪府協同組合・非営利協同セクター連絡協議会（OCoNoMiおおさか）の設立については、日本協同組合連携機構（JCA）の発足が大きなきっかけとなりました。それまで大阪府では連携組織はなく、協同組合間の連携意識も希薄でした。しかし、2018年7月に開催された全国の協同組合県域組織の交流会議に参加し、他県での連携事例を学び、そしてほとんどの府県に連携組織があると知ったことが、大阪での組織づくりを考えるきっかけとなりました。

設立に向けては、SDGsと協同組合の役割等をテーマとしたシンポジウムや講演会の共催、後援、参加を通して関係づくりを行いました。2019年2月と5月に参加団体の懇談会を行い、ここでもJCAから講師を招き、他県の連携事例や今後の展望についての学習や、各団体紹介等の交流を行いました。その後、2019年9月に関西大学で開催された日本協同組合学会の地域シンポジウムへの参加等でさらに交流を深めました。

そして、2019年11月に各団体代表者の懇談会を行い、2020年4月に連携組織を設立することに合意し、設立準備会議を立ち上げました。以降4回、設立準備会議を開催し、設立趣意書案、規約案、2020年度活動方針案等を協議しました。

しかしながら、新型コロナウイルス感染症の拡大の影響により、当初予定していた2020年4月の設立は延期され、同年7月に「大阪府協同組合・非営利協同セクター連絡協議会」設立の集いを開催しました(**写真1**)。構成団体が相互に連携して共通する社会的課題の解決に取り組み、もって協同組合・非営利協同セクターの活動の促進をはかることを目的として設立しました。

全国で42番目に設立された同協議会は、協同組合のほか、NPO等や日本赤十字社大阪府支部などの非営利団体を含め9団体が参加し、地域貢献や災害支援など、幅広い分野に対応できる体制づくりを目指していることが特徴です。愛称として「OCoNoMi おおさか」(Osaka Co-op/Non-profit Multisectoral council ※頭文字にi〔愛〕を足して)という呼称を用い、大阪らしさと地域密着を掲げて活動を進めています。

立ち上げまでに参加団体の交流を深めるため、2020年2月に開催された西日本最大級の国際協力のイベント「ワン・ワールド・フェスティバル」に参画し、連携組織参加団体によるセミナーや各団体の活動紹介ブースを設置し、来場者にアピールを行いました。同フェスティバルへの参加は、OCoNoMi おおさかの活動の1つの柱となっています。

2. これまでの取り組み

(1) 幹事会の開催

1～2か月に1回程度の割合で幹事会を開催しています。活動の協議のほかに、各団体からの提案と情報提供を毎回行い交流しています。ここで

写真1 OCoNoMi おおさか9団体代表記念写真

の交流から、個別の団体間の連携も旺盛に取り組まれています。JCAにはオブザーバーとしてWEBで参加していただいています。より交流を深めるために、開催会場は各団体持ち回りしています。

(2) ワン・ワールド・フェスティバルへの参加

ワン・ワールド・フェスティバルは、関西を中心に国際協力に携わっているNPO、NGO、国際機関、自治体、企業等が協力して、1993年から毎年、国際協力の催しとして開催されています。2020年2月の開催では、大阪市の北区民センター・カンテレ扇町スクエア・扇町公園を会場に2日間で約26,000人が来場されました。2021年と2022年は、新型コロナウイルス感染症の影響からオンラインでの開催となりました。

フェスティバルへは、協同組合・非営利協同セクターの社会的な活動を広く周知するとともに、構成団体間の連携を進めるため、2020年から、OCoNoMiおおさか構成団体で参加し、SDGsセミナーの開催や各団体の活動紹介ブースの出展を行っています。2021年、2022年はオンラインセミナーのみ開催しました。2023年は3年ぶりにリアル開催で準備を進めており、SDGsセミナーは、労働者協同組合法の施行を踏まえ、世界と日本のワーカーズ運動をテーマに開催します。活動紹介ブースも3年ぶりに出展します。

図表1　ワン・ワールド・フェスティバル開催概要（第27回～29回）

第27回ワン・ワールド・フェスティバル（2020年2月1日～2日）
【SDGsセミナー】
■開催日：2月2日
■テーマ：SDGs達成に向けた協同組合・非営利協同セクターの役割
■内　容：①　基調講演「SDGs達成に向けた協同組合・非営利協同セクターの役割～居場所づくりから見える課題～」（認定NPO法人コミュニティ・サポートセンター神戸　理事長　中村順子さん）
②　リレートーク「SDGs達成に向けた協同組合・非営利協同セクターの取り組み報告」
※　登壇団体：JA大阪中央会・大阪府森林組合・ワーカーズコープセンター事業団 関西事業本部・大阪ボランティア協会・近畿ろうきん
【活動紹介ブース】
■出展日：2月1日～2日
■内　容：SDGsに関する各団体の取り組み紹介
各構成団体の担当者がリレー形式で活動紹介を行った。大阪府森林組合が2018年の台風21号による大阪府北部の倒木木材で制作したSDGs木製バッジを販売した。

第28回ワン・ワールド・フェスティバル（2021年2月1日～21日）オンライン 【SDGs セミナー】 ■配信日：2月11日、13日 ■テーマ：コロナ禍でのSDGsの取り組み ■内　容：①　基調講演「SDGs 達成に向けた協同組合･非営利協同セクターへの期待」(SDGs 市民社会ネットワーク　事務局長　新田英理子さん) ②　活動報告（大阪府森林組合・日赤大阪府支部・近畿ろうきん） ③　クロストーク「協同組合・NPO の連携による SDGs の取り組みについて」
第29回ワン・ワールド・フェスティバル（2022年2月1日～28日）オンライン 【SDGs セミナー】 ■配信期間：2月1日～28日 ■テーマ：「SDGs ×気候変動」 ～くらしの影響から協同・連携の取り組みを考える～ ■内　容：①　基調講演「SDGs ×気候変動」～くらしの影響から協同・連携の取り組みを考える～（地球環境市民会議（CASA）事務局長　宮崎学さん） ②　取組報告（大阪府生協連・大阪府漁連・近畿ろうきん） ③　クロストーク「協同組合･NPO の連携による“SDGs ×気候変動”の取り組みについて」

(3)　国際協同組合デー関連企画の開催

2021年は、国際協同組合デーと連携組織設立１周年を記念し、「2021年国際協同組合デー＆ OCoNoMi おおさか１周年講演会～協同組合・NPO の連携で、持続可能な地域社会を!! ～」をオンラインで開催しました。JCA の比嘉政浩専務からご祝辞を頂戴し、記念講演は福島大学食農学類の小山良太教授から「東日本大震災・原子力大災害から10年～協同組合間協同による食と農の再生～」と題してお話しいただきました。その後、OCoNoMi おおさかの紹介と各団体のリレートークを行いました。

2022年は、「2022年国際協同組合デー記念講演会」を、リアルとオンラインのハイブリットで開催しました。記念講演は、関西大学商学部の杉本貴志教授から「協同組合間協同と協同組合の連携組織」と題してお話しいただきました。その後、OCoNoMi おおさかの活動紹介までを第１部としてハイブリットで行いました。第２部はリアル参加者のみで、小グループに分かれ､「協同組合･非営利協同セクターで連携できる取り組みを考える」をテーマに交流しました。

3. 団体間の連携

OCoNoMiおおさかでの連携事業に加え、団体間の個別の連携も広がりました。

コロナ禍で生活困窮する大学生への食の支援についてご紹介します。この取り組みは、大阪府生活協同組合連合会が会員大学生協と共催し、CO・OP商品のセットを大阪府内の大学生等に無償で提供する取り組みです。2020年11月、2021年3月、7月、11月の4回実施し、各回2,500名、合計1万名の学生に提供しました。OCoNoMiおおさか幹事会で取り組みの紹介とご協力を呼び掛けたところ、大阪府農業協同組合中央会から大阪産米を、大阪労働者福祉協議会と近畿労働金庫から資金協力を、また日本赤十字社大阪府支部からコロナ啓発パンプレットをご提供いただきました。

学生からは「大阪でお米が作られていることをはじめて知った」「大阪産のお米がおいしかった」等の声が寄せられました。

5回目の支援は、2022年6月に実施しました。これまでの学生へ食材を直接提供する支援方法から、大学生協の事業貢献の観点も取り入れ、生協食堂を活用した支援企画としました。具体的には、大阪府生活協同組合連合会が、大阪府農業協同組合中央会から大阪産米を、大阪府漁業協同組合連合会からちりめんじゃこを購入し、会員大学生協へ無償提供し、生協食堂で、ライスの値引きと、じゃこおろしを安価で提供しました。
この活動によるつながりから、大学生協学生委員メンバーと大阪府漁業協同組合連合会の交流企画「漁業体験&海鮮BBQ」も実施しました。

図表2　主な連携事業イベント

主催団体	内容
大阪労働者福祉協議会	○シングルマザー支援 CO・OPローリングストックセット手配（生協）
大阪府漁業協同組合連合会	○大漁旗デザインコンクール 入賞者にCO・OP商品詰め合わせセット提供（生協） ○子会社㈱魚庭（なにわ）ぎょれん　会社・ブランドロゴ作成 大阪芸術大学デザイン学科の紹介（JA）

大阪府森林組合	○ 2018 年台風 21 号の倒木にて SDGs 木製バッジ作成 大阪府内の生協にバッジ普及（生協） ○ 2018 年台風 21 号の倒木被害からの再生事業記念植樹会 OCoNoMi おおさか構成団体の参加と植樹 ○大阪府内産木製品の普及 大阪よどがわ市民生協への木製積み木、ヒノキ箸販売
大阪府生活協同組合連合会	○大学生への食の支援　食材や資料の提供 大阪産米、直売所 MAP（JA）、大阪産ちりめんじゃこ（漁連）、コロナ啓発パンフ（日赤）、協力金（労福協、ろうきん） ○大学生の食育学習 大学生協学生委員会の漁業体験＆海鮮 BBQ（漁連） ○ Zoom 講座「オンラインで会議上手になろう！」 講師（ボランティア協会） ○研修会「ワーカーズコープの協同労働による地域福祉の事業と運動」 講師（ワーカーズコープ） ○家庭の容器包装プラごみ調べ 調査アンケート協力（JA、漁連、ボランティア協会、日赤）
大阪府農業協同組合中央会	○機関紙「JA 大阪」協同のチカラ 直近の取り組み紹介の原稿執筆（各団体） ○ JA 茨木市女性会 SDGs 学習会 講師（ボランティア協会）
近畿労働金庫	○女性に対する暴力をなくす運動関連学習会 後援（生協） ○シンポジウム「コロナ禍の社会おける市民活動を考える」 共催（ボランティア協会） ○エイブル・アート SDGs プロジェクト 後援（労福協、生協）
大阪ボランティア協会	○市民活動総合情報誌ウォロ コラム「労働者協同組合法　悲願の成立」（ワーカーズコープ） 広告掲載（近畿ろうきん） ○「市民活動のための『法人格』研究」セミナー 話題提供（ワーカーズコープ） ○労働者協同組合法の学習会 講師（ワーカーズコープ）
ワーカーズコープ連合会センター事業団	○関連組織　日本社会連帯機構 総会記念講演（ボランティア協会） ○協同労働推進ネットワーク準備会 参加（近畿ろうきん、労福協）
その他	おおさか災害支援ネットワーク（OSN）* 世話役団体：大阪ボランティア協会、日本赤十字社大阪府支部、大阪府生活協同組合連合会 協力団体：近畿労働金庫 ＊大阪府域での災害発生に備え、平時より多様な市民セクターや企業・団体等が行政や関係機関と連携し、互いの活動や災害に対しての取り組み、課題を共有しながら、災害時に広域的かつ効果的に連携し、被災者支援を円滑に行うことを目的に 2014 年に設立

4. 新たな取り組み

(1) 関西大学商学部寄附講座

2022年度からは、新たに関西大学商学部寄附講座を開講します。同寄附講座は近畿労働金庫が2014年から「協同組合」をテーマに行っていましたが、2022年度からOCoNoMiおおさか主催として実施します。2022年9月から2023年1月の期間に計15回の講義をOCoNoMiおおさか構成団体がリレー形式で講師を派遣し、協同組合･非営利協同セクターの意義･役割を現在の実践者から、次世代を担う若者につないでいく取り組みとして開講します。

(2) 魚庭（なにわ）海づくり大会

魚庭の海づくり実行委員会（大阪府、大阪府漁業協同組合連合会、大阪府立環境農林水産総合研究所）が主催するイベント「第20回魚庭の海づくり大会」に、OCoNoMiおおさかとしてブース出展しました。同イベントは「美しく豊かな大阪湾をみんなの手で取り戻そう」を合言葉に2002年度から開催しています。

コロナ禍により3年ぶりの開催でした。ブースでは、OCoNoMiおおさかと構成団体の取り組みをパネルで掲示するとともに、生協の災害被災地支援活動の実演として、大阪産（おおさかもん）泉だこを使った「たこ焼き」を販売しました。売上金は海の豊かさの担い手である漁業者を支える公益法人「漁船海難遺児育英会」に寄付する予定です。

(3) 大和川・石川クリーン作戦

大和川水環境協議会、国土交通省近畿地方整備局、沿岸13市町村が主催する「大和川・石川クリーン作戦」(2023年3月）に参加を予定しています。昨年も参加する予定でしたが新型コロナウイルス感染拡大で中止となりました。

(4) 次世代育成の取り組み

「2022 年国際協同組合デー記念講演会」で「協同組合・非営利協同セクターで連携できる取り組みを考える」をテーマにグループ交流をした際に、次世代育成に関わる取り組みについての意見が多く出されました。手始めに 2022 年度は、関西大学商学部の杉本教授と連携し、キャリアセミナー「非営利組織・協同組合で働く」を 2022 年 12 月に開催します。

また、「若手職員合同研修会」を、2023 年 2 月から月 1 開催で 3 回程度、座学、他団体の職場体験などのプログラムを計画しています。

(5) 参加団体の広がりづくり

より多くの団体との連携を強化し、活動の輪を広げていくために、参加団体の拡大を目指していくこととしました。まずは各構成団体の加盟団体に参加を呼び掛けます。他県連携組織の構成を参考に、他団体への呼びかけも検討します。

5. おわりに

連携組織の設立時は、無理をせず、ゆるやかに活動しましょうとしていましたが、取り組みは広がり、幹事会もいつの間にか毎月開催が定例化しています。「どうして今まで大阪では連携組織がなかったのか」が不思議でさえあります。

OCoNoMi おおさかは全国 42 番目に設立された後発組織の利点を活かし、全国の連携組織の活動実績という素晴らしい教材をお手本に、そこに大阪らしさを加えて、厳しい社会課題に対しても、明るく・前向きに活動を進めたいと考えます。

(2023 年 1 月号掲載)

第8章
兵庫県の協同組合間連携と「虹の仲間づくりカレッジ(人材育成)」

一般社団法人日本協同組合連携機構
佐藤 憲司

1. 兵庫県協同組合連絡協議会(略称:兵庫JCC)

(1) 兵庫JCCの発足

兵庫県における協同組合の県域連携組織「兵庫県協同組合連絡協議会(以下:兵庫JCC)」は、1984年7月7日の第62回国際協同組合デーを契機に、平和とよりよい生活を目指す協同組合運動のより一層の前進と協同組合間の連携を強化するために、「兵庫県生活協同組合連合会(以下:兵庫生協連)」「兵庫県農業協同組合中央会(以下:兵庫中央会)」「兵庫県漁業協同組合連合会(以下:兵庫漁連)」「兵庫県森林組合連合会(以下:兵庫森連)」の4つの協同組合セクターの県域組織によって設立されました。

特筆すべきは、兵庫JCCを発足させる以前の1950年から、この4団体はすでに国際協同組合デーの県域での大会を「共同開催」しています。これは全国的に見ても、県域での協同組合間連携活動の歴史が非常に長い県であるといえます。

その後兵庫JCCは、会員団体を増やし続け、現在では、生協グループから「生活協同組合コープこうべ(以下:コープこうべ)」、JAグループから「兵庫県信用農業協同組合連合会(以下:兵庫信連)」「全国農業協同組合連合会兵庫県本部(以下:全農兵庫)」「全国共済農業協同組合連合会兵庫県本部(以下:全共連兵庫)」「兵庫県厚生農業協同組合連合会(以下:

JA兵庫厚生連）」、漁協グループから「なぎさ信用漁業協同組合連合会（以下：なぎさ信漁連）」「兵庫県漁業共済組合（以下：漁業共済組合）」の7団体が加入し、トータル11団体が参加する大所帯の協同組合の県域連携組織となっています。

(2)　兵庫JCCのガバナンス

兵庫JCCの優れた点は、規約に基づいたそのガバナンス（組織運営体制）にあります。

兵庫JCCの最高議決機関は、会員各組織の役員が構成員となる「協同組合代表者懇談会（JCC委員会）」で、年に1回開催されます。委員会の下には兵庫生協連・兵庫中央会・兵庫漁連・兵庫森連4団体の専務理事およびコープこうべの常勤理事で構成する「幹事会」が設置され、年に4回開催されます。さらに幹事会の下に設置されている「事務局会議」は、幹事会5団体の事務局で構成され、2か月に1回の頻度で開催されています（図表1）。

このように、兵庫JCCの意思決定は「JCC委員会」「幹事会」「事務局会議」と参加団体の役員から事務局担当者まで、すべての階層の役職員が関わって行われています。また、それぞれの機関での会合で、お互いに顔

図表1　兵庫JCCのガバナンス

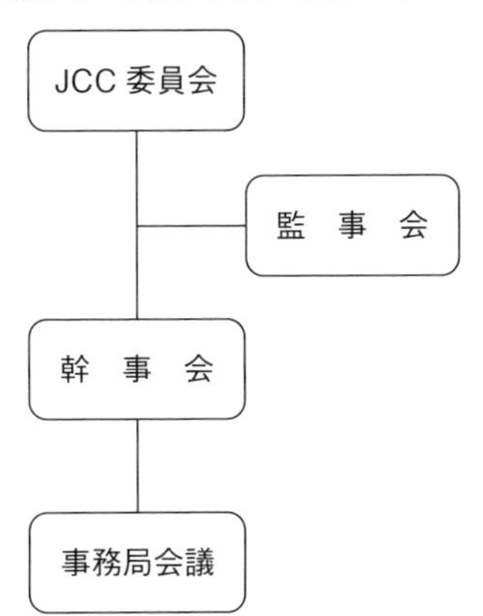

を突き合わせて情報交換を行い、協同組居合間連携活動の基本ともいえる「お互いのことを知る」ことによって、活発な協同組合間連携活動が育まれてきたということができます。

(3) 兵庫 JCC の活動の変遷

このようなガバナンス体制の下、兵庫 JCC は 1980 年代には「講演会」や「シンポジウム」などを中心とした活動を行ってきましたが、1990 年代にはいると「産地・消費地交流会」や「豊かな食をテーマとした女性交流会」「中堅職員の交流会」など、人が集い、人と人が出会いつながるような活動が多くなってきました。

1995 年の「阪神淡路大震災」で神戸市を中心とした地域一帯は大きな被害を受けましたが、兵庫 JCC の活動はこの年も休止することなく継続して行われました。とくに震災復興に向けて、協同組合は相互協力の下被災地の救援・支援・復興への取り組みを行ってきました。このような不屈の継続的な取り組みができたのも、前述の組織運営によって育まれた組織同士の信頼関係によるものといえます。

(4) 兵庫 JCC の協同組合間連携活動の現状

このような経緯を経て、兵庫 JCC の活動は、日本全国的に見ても協同組合間連携活動の盛んな県となりました。ここ数年は新型コロナウイルスの影響を受けながらも、以下のような活動を行っています。

① JA 兵庫六甲の直売所「パスカル三田」で兵庫漁連が直営店「漁連の魚屋」を展開、それぞれの強みを活かした商品を展開する（事業連携活動）

② 神戸市西区の買い物困窮者対策として JA 兵庫六甲とコープこうべが移動店舗（購買車）を交互に運営し、それぞれの強みを活かした商品を供給する（地域貢献活動。**次頁写真 1**）

③ 兵庫漁連・コープこうべを中心に生協連・JA・森林組合などが森林整備（木の除伐作業）を通して、海と森とのつながりを学び環境保

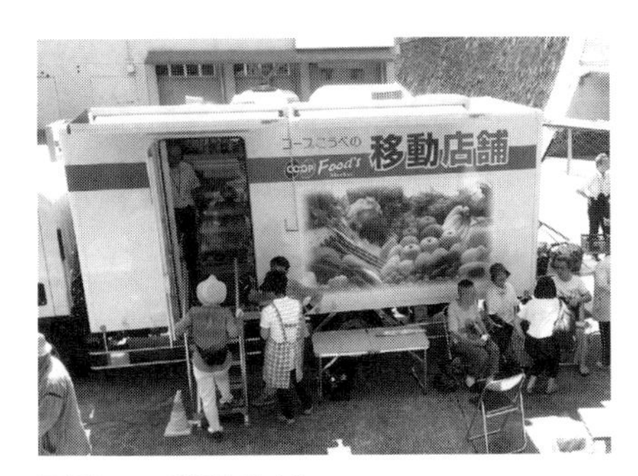

写真１　移動店舗

全への関心を高める「虹の仲間で森づくり」（環境保護活動）

④　兵庫漁連・コープこうべを中心に生協連・JA・森林組合などが、豊かで美しい海作りに向けて、海岸の清掃活動を通して環境保全への関心を高める「虹の仲間で海づくり」（環境保護活動）

⑤　コープこうべの店舗に兵庫漁連が鮮魚を供給、料理会や学習会・産地見学会などを実施し、消費者の産地への理解を高める「ひょうご地魚推進プロジェクト（とれぴち）」（学習交流活動）

⑥　コープこうべの店舗に全農兵庫が農産物を供給、料理会や学習会・産地見学会などを実施し、消費者の産地への理解を高める「兵庫地場

写真２　ひょうごまるごと健康チャレンジ

野菜振興プロジェクト（とてしゃき）」（学習交流活動）

⑦　生協・JA・漁連・森連が、それぞれの職員・組合員の心と体の健康づくり貢献する取り組み「ひょうごまるごと健康チャレンジ」を行う（健康づくり活動。前頁写真2）

⑧　生協（大学生協）・JA・漁連・森連が、兵庫県産食材（米・水産加工品）を無償提供し、大学生協食堂スタッフが調理、安価で美味しい丼メニューを新型コロナウイルスで困窮した学生に提供する（困窮者支援活動）

(5)　兵庫JCCの機関誌

このように兵庫JCCでは様々な活動を行っていますが、会員団体組織の現状やトピック、また協同組合間連携活動による共通課題の実践を内外に知らしめるために機関誌『ひょうごJCC』を発行しています（写真3）。『ひょうごJCC』は、1985年7月1日発行の創刊号から始まり、直近の2022年7月8日の96号まで継続されており、現在は年に2回、春と秋に発行されています。

ひょうごJCC
兵庫県協同組合連絡協議会機関誌
96
2022. 7. 8

1．協同組合活動スナップ……1
2．2021年度　兵庫JCC協同組合研究・交流会……2
3．兵庫JCC2022年度活動計画……3
4．第4回都道府県協同組合連携組織等全国交流会議（オンライン会議、兵庫開催）に参加……4
5．コロナ禍の学生支援　学食に食材提供
2020年度「食の仲間づくりカレッジ」第3回の取り組みについて……5
6．今協同組合では－各協同組合からの報告－
JA（農協）／生協……6
JForest（森林組合）／JF（漁協）……7
7．協同組合運動に生きる
甲南大学生活協同組合　専務理事　内田　真紀子……8

協同組合活動スナップ

第17回新春トップセミナー
生協

JA営農指導員発表大会 山下氏（JA兵庫西）が最優秀
JA（農協）

JF（漁協）

JForest（森林組合）

●編集発行
兵庫県協同組合連絡協議会（兵庫JCC）
Hyogo-ken Joint Committee of Co-operatives
生協・JA（農協）・JF（漁協）・JForest（森林組合）

●兵庫JCC事務局
TEL(078) 391－8634
TEL(0794) 87－0062
TEL(078) 940－8013
TEL(078) 381－5425

－1－

写真3　『ひょうごJCC』96号

2.「虹の仲間づくりカレッジ」の取り組み

(1)　取り組みの目的

兵庫県の協同組合は、賀川豊彦の思想を共有し、兵庫 JCC の 1984 年の設立以来、日常的に様々な協同組合間連携活動を行い、他県にはない強い結びつきを持ってきました。兵庫 JCC ではそれを強みとして、職員同士の顔の見える関係をつくり、くらし、地域、社会の中で果たすべき役割について、ともに考えるための取り組みとして、協同組合の合同職員研修「虹の仲間づくりカレッジ」を兵庫 JCC とコープこうべの共催で毎年開催しています。この合同職員研修の取り組みは、全国的にもあまり例を見ない人材育成の協同組合間連携の取り組みとして全国に紹介されています。

また、最近では人的交流に加えて、実践を体験する研修として、生産、環境、地域のコミュニティが抱える課題を SDGs の目標を踏まえて「地域や行政、諸団体と連携して協同組合としていかに解決するか」の視点で計画から実践につなげるプログラムに進化しています。

(2)　取り組みの概要

主催団体	兵庫 JCC
協力団体	コープこうべ
参加団体	兵庫 JCC の会員団体とその関連団体（単位協同組合を含む）
参加対象	在職５年以上の中堅職員
開催場所	コープこうべ研修施設 「協同学苑」（三木市）
開 催 日 程（年間３回開催）	
・１回目（テーマ決定）※宿泊を伴う２日間の研修	
・１回目と２回目の間： 地域社会課題調査（自主参加） 	

<table>
<tr><td>・2回目（実践企画）</td><td></td></tr>
<tr><td>・2回目と3回目の間：
実践活動（必須）</td><td></td></tr>
<tr><td>・3回目（実践報告）</td><td></td></tr>
</table>

(3) 取り組みの特徴点

① 1年間という長期の開催日程の中で、参加者同士のコミュニケーションを促進するため、1回目の研修は宿泊を伴う2日間の研修が行われること

② 在職5年以上の中堅職員という比較的若い層の職員を対象としていること

③ 基礎的な講義を受けた後、比較的少人数（5～7人程度）のグループに分かれたワークショップを中心とした研修であること

④ 1回目の研修でグループとして取り組むべき「地域社会課題」をSDGsの枠組みで考え解決すべき実践に向けたテーマを決定し、2回目の研修でその実践企画づくりを行い、3回目の研修でその実践報告発表と意見交換というカリキュラムで行われていること

⑤ 1回目と2回目の研修の間に各グループが設定した「地域社会課題」の現地調査を自主的に行い（殆どのグループが行う）、2回目と3回目の研修の間に課題解決のための活動を実践するという、研修参加者たち自らの自主性を重んじた構成となっていること

(4) 最近の取り組み実践テーマ・企画

図表2 虹の仲間づくりカレッジ【実践】

<table>
<tr><th>テーマ</th><th colspan="2">実践企画</th><th>組織名</th><th>人数</th></tr>
<tr><td colspan="5">2016年度</td></tr>
<tr><td rowspan="2"></td><td rowspan="2">1班</td><td rowspan="2"></td><td>兵庫県漁連</td><td>1</td></tr>
<tr><td>兵庫県信漁連</td><td>1</td></tr>
</table>

漁協青壮年部で取り組まれている「流通消費拡大事業」を軸にした、大学生を対象とした協同組合協同による食育推進～2015年度の受講者のアウトプットから～ 25人	1班	地元の恵みたっぷり兵庫鍋を作ろう！（学生が海班と山班に分かれて収穫・一緒に鍋調理）	JA 兵庫中央会	1
			JA 共済連兵庫	1
			神戸医療生協	1
			コープこうべ	1
	2班	学生食堂での兵庫県産食材を使った朝食メニューの提供（しらす丼を100円朝食として提供）	兵庫県漁連	1
			兵庫県森連	1
			JA 共済連兵庫	1
			甲南大学生協	1
			コープこうべ	3
	3班	大学生対象 牡蠣の殻むき等 作業体験	兵庫県漁連	1
			北但西部森林組合	1
			JA 兵庫中央会	1
			甲南女子大学生協	1
			兵庫労働共済生協	1
			コープこうべ	2
	4班	大学生対象　料理教室 ～兵庫の魚を食べよう！ ～食べて守ろう兵庫の海～	兵庫県漁業共済組合	1
			JA 兵庫中央会	1
			阪神医療生協	1
			コープこうべ	2
2017年度				
『生産』『環境』『地域のコミュニティ』などが抱える課題を「協同組合としていかに解決するか」という視点で取り組む『職員のボランティア活動』の実験的展開 16人	1班	淡路島でのかいぼり （淡路島での漁業者と農業者が連携したため池のかいぼり活動）	兵庫県漁連	1
			兵庫県水産振興基金	1
			JA 共済連兵庫	1
			コープこうべ	3
	2班	社家郷山で生態系・森林保全を学ぼう！	兵庫県漁連	1
			兵庫県森連	1
			JA 共済連兵庫	1
			コープこうべ	2
	3班	さる×はた合戦 ～篠山での害獣対策の取組～	兵庫県漁連	1
			JA 兵庫中央会	1
			甲南女子大学生協	1
			コープこうべ	2
2018年度				
『生産』『環境』『地域のコミュニティ』などが抱える課題を「協同組合としていかに解決するか」という視点で考え実践につなげる 26人	1班	協同組合合同 インターンシップ	兵庫県漁連	1
			兵庫県森連	1
			JA 兵庫中央会	1
			コープこうべ	3
	2班	ごみ問題を解決する （各団体から出る食品残渣のたい肥化など）	兵庫県漁連	1
			JA あかし	1
			コープ自然派事業連合	1
			コープこうべ	2
	3班	海の豊さを伝えよう！ （知ってほしい未利用魚や食文化を伝える）	兵庫県漁連	1
			JA 兵庫西	1
			姫路医療生協	1
			コープこうべ	2

<table>
<tr><td rowspan="8">『生産』『環境』『地域のコミュニティ』などが抱える課題を「協同組合としていかに解決するか」という視点で考え実践につなげる
26 人</td><td rowspan="4">4 班</td><td rowspan="4">次世代に向けた見える化～協同組合を知ってもらうために～
(職員に向けた賀川記念館での学習と各団体の説明など)</td><td>兵庫県漁業共済組合</td><td>1</td></tr>
<tr><td>JA 共済連兵庫</td><td>1</td></tr>
<tr><td>ろっこう医療生協</td><td>1</td></tr>
<tr><td>コープこうべ</td><td>2</td></tr>
<tr><td rowspan="4">5 班</td><td rowspan="4">地域のつながりづくり
(移動店舗の拠点でのセミナー等)</td><td>兵庫県漁連</td><td>1</td></tr>
<tr><td>JA 共済連兵庫</td><td>1</td></tr>
<tr><td>近畿労働金庫</td><td>1</td></tr>
<tr><td>コープこうべ</td><td>2</td></tr>
<tr><td colspan="5">2019 年度</td></tr>
<tr><td rowspan="17">『生産』『環境』『地域のコミュニティ』などが抱える課題を「協同組合としていかに解決するか」という視点で考え実践につなげる 21 人</td><td rowspan="4">1 班</td><td rowspan="4">木を食べる
(森林をめぐる問題を知り、木をもっとつかってもらう)</td><td>兵庫県森連</td><td>1</td></tr>
<tr><td>JA 共連兵庫県本部</td><td>1</td></tr>
<tr><td>コープ自然派事業連合</td><td>1</td></tr>
<tr><td>コープこうべ</td><td>2</td></tr>
<tr><td rowspan="5">2 班</td><td rowspan="5">地域活性化
(若年層の地元意識の希薄化→地元の良さを知る＝タコ釣り)</td><td>兵庫県漁連</td><td>1</td></tr>
<tr><td>JA 兵庫西</td><td>1</td></tr>
<tr><td>JA 共連兵庫県本部</td><td>1</td></tr>
<tr><td>姫路医療生協</td><td>1</td></tr>
<tr><td>コープこうべ</td><td>2</td></tr>
<tr><td rowspan="4">3 班</td><td rowspan="4">海ごみ・マイクロプラスチック
(マイクロプラスチック採取とペットボトル菜園)</td><td>兵庫県水産振興基金</td><td>1</td></tr>
<tr><td>JA あかし</td><td>1</td></tr>
<tr><td>JA 兵庫中央会</td><td>1</td></tr>
<tr><td>コープこうべ</td><td>2</td></tr>
<tr><td rowspan="4">4 班</td><td rowspan="4">ジェンダー平等
(○○家作戦会議・料理教室)</td><td>兵庫県漁連</td><td>1</td></tr>
<tr><td>JA 兵庫六甲</td><td>1</td></tr>
<tr><td>JA 兵庫中央会</td><td>1</td></tr>
<tr><td>コープこうべ</td><td>2</td></tr>
<tr><td colspan="5">2020 年度</td></tr>
<tr><td rowspan="10">『生産』『環境』『地域のコミュニティ』などが抱える課題を「協同組合としていかに解決するか」という視点で考え実践につなげる
12 人</td><td rowspan="3">1 班</td><td rowspan="3">子ども食堂での、海苔を通した豊かな海づくりの学習</td><td>兵庫県漁連</td><td>1</td></tr>
<tr><td>尼崎医療生協</td><td>1</td></tr>
<tr><td>コープこうべ</td><td>2</td></tr>
<tr><td rowspan="4">2 班</td><td rowspan="4">里山と海の活動団体と連携し、地域竹林の整備と利活用を考える
①里山と漁業、素材生産者を繋ぐ資源循環アクティビティ(牡蠣いかだづくり)
②未利用材(竹材)を利用した地域活性化アイデア(竹炭洗剤づくり)</td><td>兵庫県漁連</td><td>1</td></tr>
<tr><td>JA 兵庫西</td><td>1</td></tr>
<tr><td>兵庫県森連</td><td>1</td></tr>
<tr><td>コープこうべ</td><td>1</td></tr>
<tr><td rowspan="3">3 班</td><td rowspan="3">廃棄している水産物・農産物の有効活用による子ども食堂の支援</td><td>兵庫県漁連</td><td>1</td></tr>
<tr><td>JA あかし</td><td>1</td></tr>
<tr><td>コープこうべ</td><td>2</td></tr>
</table>

(5) 参加者の感想

① 参加者間で連帯感が生まれた

② 様々な異業種協同組合を知ることができた

③ 組織は別でも協同組合の共通の理念・考え方は同じで共感し合うこ

とができた

④　実践企画の実施にあたり、自組織からの協力を得ることができた

⑤　協同組合で働くことをあらためて考え、業務に気持ちが変わった

⑥　協同組合間連携の限りない可能性を感じた

(6)　取り組みの成果

①　協同組合の理念を素直にとらえる機会を創出することができた

②　職員交流やグループワークによって連帯意識が生まれ人間関係づくりに寄与した

③　協同組合間連携で社会課題を解決しようという意識が醸成された

④　地域社会課題解決に向けた具体的な取り組みイメージを共有できた

⑤　実践による具体事例をつくることができた

3. 最後に

JCA(日本協同組合連携機構)は2018年4月の発足以来、全国を5ブロック(北海道・東北、関東甲信越、北陸・東海・近畿、中四国、九州・沖縄)に分けて、各ブロックに担当連携推進マネージャーを配置し、それぞれのブロックで協同組合間連携事例を収集し、JCAのホームページや発足以来毎年行っている都道府県協同組合連携組織の全国交流会議などで好事例を紹介してきました。

全国的に見て、活動事例として講師を招聘しての「研修会」などの事例は、かなり多くの都道府県で取り組みが行われています。しかし、この兵庫JCCの「虹の仲間づくりカレッジ」のような取り組みは、全国的に見ても非常に珍しく稀有な事例であるといえます。しかし、「取り組みの成果」にあるように、これからの協同組合を担っていく中堅若手職員たちが組織の壁を越えて人間関係を構築し、今後の協同組合間連携をさらに拡大発展させていくことができる取り組みであるいうことができます。

JCAは、このような素晴らしい取り組みが、全国の都道府県で水平展開されるように、さらに強力に後押ししていきたいと考えています。

(2022年9月号掲載)

第9章
京都府協同組合連絡協議会の「役職員体験・交流学校」

一般社団法人日本協同組合連携機構
佐藤 憲司

1. 京都府協同組合連絡協議会について

(1) 発足の目的

京都府の協同組合の連携組織は、1996年12月に京都府農業協同組合中央会（以下「京都中央会」）、京都府漁業協同組合（以下「京都漁協」）、京都府森林組合連合会（以下「京都森連」）、京都府生活協同組合連合会（以下「京都生協連」）の4団体が、協同組合運動相互の連絡・連携、共通課題の実行をはかることを目的として、京都府協同組合連絡協議会（以下「連絡協議会」）が発足しました。

(2) 主な取り組み

「連絡協議会」の年間の活動の中では、以下の二つが主な取り組みになります。

① 国際協同組合デー京都大会の開催（7月開催、2022年度で通算32回目になります）

② 役職員体験・交流学校の開催（9月開催、2022年度で通算21回目になります）

また、近年では、新型コロナウイルス感染拡大により厳しい生活が続いている学生を協同組合間連携で支援するために、京都中央会（JAグループ京都）から京都大学生協に京都産の無洗米約750kgを贈呈して、京都大学生協の各食堂で「1日限定ライス無料キャンペーン」が実施されました。

さらに連絡協議会4団体の協同組合間連携によって、各団体の職員や家族などを対象とした新型コロナウイルスワクチンの合同職域接種を行いました。このワクチン接種での協同組合間連携による職域接種は、全国的にも珍しい取り組みで連絡協議会はさらに連携を強化して活発な活動を行っています。

(3)　機関誌『協同組合人』

連絡協議会では、連絡協議会の機関誌『協同組合人』を1月・5月・7月・10月の年4回発行しています。1996年6月に創刊した『協同組合人』は、今年2022年5月号で100号となり、長きにわたって連絡協議会の活動報告、またそれぞれの構成団体の活動や取り組みなどを紹介するなど、ニュース広報誌としての大きな役割を果たしています（写真1）。

2.「役職員体験・交流学校」について

(1)　取り組みの目的

「役職員体験・交流学校」は、2001年8月にはじめて連絡協議会4団体で働く職員の教育と育成のために開催されました。京都府の協同組合で働く役職員を対象に、協同組合間連携やその課題を学び認識を深める機会として、毎年9月に開催し、2022年9月の開催で21回目を迎えます。

協同組合人
No.100
人
組合員一人ひとりの共感が大きな力となり、
様々な問題にも立ち向かえることが生協の醍醐味

写真1　機関誌『協同組合人』No.100

(2) 取り組みの企画・内容

毎年、構成4団体が持ち回りで企画・開催しています。第1回から第21回までの企画内容は**図表1**の通りです。

図表1　企画内容

回数	開催日	開催内容・参加人数
第1回	2001年 8月31日・9月1日	京都府漁連本部・京都府立海洋センターを主会場に開催、30名参加
第2回	2002年 9月23日・24日	京都生協物流センター・畜産水産加工施設見学、店頭販売体験、40名参加
第3回	2003年 9月12日・13日	くみはまSANKAIKAN・久美浜梨選果場施設見学、稲刈り・梨狩り体験、30名参加
第4回	2004年 11月5日・6日	美山町・京北町の木材加工センター見学、1日林業体験(植林・ネット張り)、30人参加
第5回	2005年 9月30日・10月1日	京都府漁連本部・京都府立海洋センターを主会場に開催、30名参加
第6回	2006年 9月14日・15日	京都生協南部物流センター・城南支部・西中支部を主会場に開催、共同購入配送車に添乗体験、32人参加
第7回	2007年 9月20日・21日	京都農業の概況学習、南丹市・亀岡市のJA施設見学、枝豆圃場見学・選別袋詰め体験、24名参加
第8回	2008年 9月11日・12日	京都府立ゼミナールハウスで間伐材について学習、プロセッサー間伐現場視察、27名参加
第9回	2009年 9月11日・12日	京都府漁連本部・京都府立海洋センターを主会場に開催、22名参加
第10回	2010年 9月9日・10日	京都生協南部物流センター・西中支部などを主会場に開催、共同購入配送車に添乗体験、23人参加
第11回	2011年 9月8日・9日	宇治茶会館で開催、JA京都やましろ宇治茶の郷見学、手もみ茶作り・お茶のいれ方体験、23名参加
第12回	2012年 9月12日・13日	府立林業大学校・木材市場で開催、苗木生産現場見学、林道・原木流通・間伐材活用学習、38名参加
第13回	2013年 9月12日・13日	京都漁協本所・農林水産技術センター・海洋センターを会場、栽培漁業施設見学、地引網体験、23名参加
第14回	2014年 9月10日・11日	京都生協本部。南部物流センターを会場、宅配事業の仕組み学習、物流センター施設見学、27名参加
第15回	2015年 9月8日・9日	JA京都ファーマーズマーケット「たわわ朝霧」視察、水耕栽培トマト・メグミルク工場見学、29名参加
第16回	2016年 9月7日・8日	府立林業大学校・木材市場で開催、マツタケ人工栽培現場見学、原木流通・間伐材活用学習、32名参加
第17回	2017年 9月13日・14日	京都漁協本所・農林水産技術センター・海洋センターを会場、京都の漁業学習・卸売市場視察、31名参加
第18回	2018年 9月13日・14日	京都生協洛南支部・コープきんき物流センター会場、宅配事業学習、宅配車添乗、移動店舗見学26名参加
第19回	2019年 9月11日・11日	メグミルク工場・谷牧場（南丹市）見学、京都市中央卸売市場視察、29名参加
第20回	2020年9月10日 （単日開催）	木材開発㈱・中西至誠園で苗木生産現場視察、京丹波森林組合で木材伐採現場視察、21名参加
第21回 （予定）	2022年9月8日 （単日開催）	舞鶴地方卸売市場で競売・施設見学、農林水産海洋センターでトリガイ養殖施設見学、30名程度募集

※2021年度は新型コロナウイルス感染状況を踏まえ中止、また2020年・2022年は単日開催となりました。

第 18 回開催風景

第 19 回開催風景

第 20 回開催風景

⑶ 取り組みの特色

① 連絡協議会４団体が持ち回りで企画・開催し、それぞれの特色を生かして参加者が楽しみながら学習できる研修企画となるように工夫しています。

② スクール形式の座学ではなく、生産現場等の現地を実際に訪問し自分たちの目で実際に見て学習し、また生産者や訪問先の担当者と直接交流することによって、新たな発見や横の人脈ができることが受講生にとって魅力になっています。

③ 連絡協議会４団体の職員は、同じ協同組合の職員でありながら日ごろあまり交流する機会がないので、宿泊を伴う１泊２日にすることによって、普段はできない他業種協同組合の業務内容に触れることができ、職員同士の交流ができる貴重な機会になっています（ここ数年は新型コロナウイルスにより１泊２日での開催はしていません）。

⑷ 「役職員体験・交流学校」について思うこと

① 全国的に見ても歴史の長い稀有な協同組合間連携の好事例であるといえます。

② これだけ長期にわたってこの企画が継続しているのは、前述のような特色があるので、受講生にとっては魅力的な研修企画になっているからにほかなりません。

③ 開催事務局は「それぞれの協同組合の役職員にとって貴重な体験・交流の機会になるように今後も愚直に企画を継続したい」と言っています。

④ 新型コロナウイルスの影響による中止や単日開催は非常に残念ですが、このような主催者側の真摯な思いがある限りは、この企画は継続・発展していくと確信しています。

⑤ JCAでは、2021年11月に開催した都道府県協同組合連携組織の全国交流会議で、この「京都府協同組合役職員体験・交流学校」を好事例としてご報告いただきましたが、今後も全国の協同組合連携組織に向けて発信し続けたいと思っています。 （2022年10月号掲載）

第10章 日本協同組合連携機構の大学との連携講座について（日本大学商学部）

一般社団法人日本協同組合連携機構
松尾 賢

1. はじめに

日本協同組合連携機構（以下、JCA）では、2014年よりIYC記念全国協議会と連携し、千葉大学において寄附講座「非営利市民事業と協同組合」を設置している。この科目は一般的な名称では一般教養科目にあたる「普遍教育科目」である。主な履修生は千葉大学学部初年次、2年次であり、過去より学外にも受講者を開放する公開科目としている。

2022年度は、新型コロナ感染症拡大防止のためキャンパスでの講義は行わず、JA共済連や千葉県森林組合などが録画形式で講義を担当している。受講した学生からは「協同組合にはさまざまな種類があると知った」「助け合い・話し合いの組織である協同組合の重要性を感じた」などの意見が寄せられており、協同組合に対する学びの場となっている。

JCAでは、このような若者に協同組合の活動や多様な役割を伝える場を拡大するため、2021年度より新たに日本大学と法政大学大学院で講座を開始した。

詳細は後に記載するところであるが、日本大学の講座の内容は千葉大学のものと近く、各協同組合団体の全国段階・連合会組織と連携し進めている。大学が東京23区内に位置しており、講師として派遣いただく職員の負担感の抑制につながっている。このことは、2021年度、2022年度の講師のラインナップにあらわれている。また、法政大学大学院に設置した講座は協同組合、NPO、労働組合などを研究する社会人向けプログラムの1つとして実施している。

2.日本大学との連携講座について

日本大学の講座については、講座名を「協同組織の現状と展望」とし、長谷川勉教授に担当教員をお引き受けいただいた。

開講時期は秋季授業として、9月からの全15回（各回90分）、対象学年は商学部2年生以上とし、2単位の取得を可能としている。

講座の趣旨・目的は、「少子高齢化の進展や格差の拡大など地域社会の疲弊が進む中、持続可能な地域社会を創るうえで、共同で所有し民主的に管理する自治的な経済組織としての協同組合の役割が期待されている。本講座では国内外の各種協同組合の歴史・現状と社会的役割についての理解を深める」こととしており、到達目標を「協同組合は組合員の経済的・社会的・文化的ニーズを満たすことを目的とする。株主への利益還元の極大化を目的とする株式会社（営利企業）との相違について、協同組合事業の国内外の歴史から解明し、協同組合がSDGsなど今日的な課題に取り組むうえでも優位性をもったきわめて有効な事業の仕組みであることの理解を得ること」としている。

昨年度の全15回の講座では、初回はJCAがイントロダクションとして協同組合の概論を講義し、第2回～11回に、JA全中、日本生協連、労金協会、全森連、全漁連等の各協同組合団体の全国段階・連合会組織より、それぞれ、組織の概要や歴史的経過、取り組みなどを講義いただいた。

続く第12～14回では、JCAより、諸外国の協同組合とICAの果たしてきた役割や、今日の社会の変化と新たな協同組合の潮流、また協同組合法制を講義し、最終回の第15回は、担当いただいている長谷川勉教授に取りまとめをいただいた（次頁図表1）。

図表1　日本大学寄附講座「協同組合の現状と展望」講義シラバス（抜粋）

回	テーマ	内　容	担当団体
第1回	イントロダクション(協同組合概論)	協同組合の特質（法制度・協同組合原則）と日本の協同組合の歴史・種類・事業内容等を説明する	日本協同組合連携機構
第2回	生活協同組合	日本最大の消費者団体となった生活協同組合（生協）の歴史と特質、現在の事業や活動内容、地域社会における今後の課題を明らかにする。	日本生協連
第3回	共済	将来の事故に備えた組合員の相互扶助制度である共済と保険の違いについて、JA 共済、全労済など共済生協の事業の歴史や商品サービスを踏まえて具体的に説明する。	日本共済協会
第4回	労働者協同組合	働く人々が自ら出資し、経営に参画し、主体者として責任を分かち合う「協同労働」という新たな働き方を通じて地域の発展を支える労働者協同組合の可能性について説明する。	ワーカーズコープ・センター事業団
第5回	労働金庫	労働組合や生協などを会員とし、戦後、労働者を高利貸しから解放するために生まれた協同組織金融機関である労働金庫の歴史とその金融事業の特色を説明する。	労金協会
第6回	信用組合	中小企業等協同組合法に基づき、中小企業のための金融の円滑化を目的とする信用組合の歴史と事業の特徴を説明する。	全信中協
第7回	信用金庫	戦後、信用金庫法が成立し、中小企業等協同組合法に基づく信用組合が信用金庫に転換した。独自の中小企業金融機関としての役割と意義を説明する。	全信協
第8回	中小企業等協同組合	相互扶助の精神で中小事業者等が協同組合組織を作り、自主的な経済活動を行っている。中小企業等協同組合法に基づく協同組合について説明する。	全国中小企業団体中央会
第9回	農業協同組合	農業協同組合の歴史を戦前の産業組合に遡って明らかにする。また戦後の農協法に基づく農業協同組合の事業･活動内容、食の生産・供給における今日の課題を説明する。	JA 全中
第10回	漁業協同組合	組合員の漁業経営と生活を守るとともに、豊かな海を守る活動に取り組む漁業協同組合の事業・活動を説明する。	JF 全漁連

第11回	森林組合	森林所有者が出資して設立する森林組合は、森林整備の中心的な担い手としても重要な役割を果たしている。SDGsとも関連させて活動の今日的な意義を説明する。	全森連
第12回	諸外国の協同組合とICA	19世紀のロッチデール協同組合以降の世界的な協同組合の歴史と国際協同組合同盟（ICA）の果たしてきた役割などを解説する。	日本協同組合連携機構
第13回	新たな潮流	労働者協同組合、社会的協同組合、エネルギー協同組合、プラットフォーム協同組合など社会の変化と新たな協同組合の潮流について説明する。	日本協同組合連携機構
第14回	協同組合法制	戦前の協同組合法制（産業組合法を中心に）の特徴および戦後の協同組合法の制定経過を説明し、現在の日本の協同組合法制の課題を明らかにする。	日本協同組合連携機構
第15回	まとめ	全体を振り返り、持続可能な社会づくりにおいて、協同組合が果たす役割の重要性と可能性を改めて確認する。	長谷川勉教授

各回はテーマごとに独自の説明資料を使用して講義を進めることとし、受講生には事前に協同組合の理解を得るための参考文献・資料を提示することとし、また、計画時には各授業、90分のうち前半の70分を講師からの講義とし、残りの20分を受講生からの質疑にあてることで、受講生には、社会の分断と排除が進む社会の中で、協同組合が社会統合と地域社会の開発において新たな可能性を提供できる存在であることを理解いただくことを期待した。

しかし、2021年度は新型コロナ感染症拡大防止のためキャンパスでの講義は行わず、VTR授業（オンデマンド方式・学生が好きな時間に視聴）とし、回ごとの長谷川先生からの問いに対して学生が回答する形態となった。

3. 学生の協同組合に対する理解の深まり

実施前に長谷川教授からは、「協同組合を知らない学生が増えている。講義を通じて仕組みを学んでもらい、興味を持って欲しい」と期待いただいたところで、JCAが担当した第1回の協同組合概論においての、長谷川教授からの問い「協同組合について知っていましたか。そのうえで講義の感想は？」に対する学生の回答（抜粋）を紹介すると以下の通り。

・協同組合という意味は少なからず知っているつもりでしたが、この講義で組合にも様々な組織があり、そしてどういった目的で、どういった手段で組織が存続できているのかについても今後もっと深いところまで知識として身に付けられるのではないかと思いました。
・協同組合は、JAやコープのような有名どころを少し知っていた程度で、それ以外のことはあまりわかりませんでした。
・生協や農協など単語のようには知っていましたが、どういったものかや何を目的にしているかは気にしておらず、みんなのために程度に考えていました。
・協同組合というものは何度も聞いたことはありましたが協同組合についてはあまり知りませんでした。

講座受講当初の協同組合に対する学生の理解は上記の通りであったが、約半年間にわたり各団体による熱心な講義により協同組合の理念や事業の学びをすすめた結果、最終回の長谷川先生からの問い、「今までの講義を学んで、協同組合の本質、たとえば必要とされる理由、それに対してどのように対応している等々について述べてください。」に対する学生の回答（抜粋）を紹介すると以下の通り協同組合への理解が深まったことが見てとれる。

・協同組合は、共通の目的をもった人たちが、その目的を達成するために組織した相互扶助組織であり、協同組合がその目的に沿った事業を行い、各組合員がこの事業を利用することによって、組合員の利益を増進する関係になるというものだ。営利目的ではないのなら赤字でも成り立つのかと気になっていたが、そうではなく少なくとも持続するための利益をうみださなくてはいけないものだとわかった。
・協同組合の本質として人々の組織であり、地域や株式会社に協力と貢献をしている。目的として共通の経済的、社会的、文化的ニーズと願いを果たすことであり、株式会社は最大限の利潤と配当を目的としている。協同組合はいくつかに分類されてお

り、生活協同組合や漁業協同組合などがある。これらは名前の通りそれぞれに特化した取り組みを行っている。たとえば生活協同組合は安心して暮らせる地域社会や持続可能な世界を目指し、イベントや福祉施設などにみんなで出資したり運営に取り組んでいる。他にも漁業協同組合は水質汚染の解決や水揚げしてから店頭や食卓に並ぶまでの安全で安心に届けることができる流通ルートの確保などに取り組んでいる。協同組合は地域への貢献や周囲からの信頼を得て、私たちが安心して安全に生活できる工夫や地域の発展による良い暮らしができているのだろう。協同組合だけでは意味がないので地域や企業と協力することでお互いにより良い関係を築くことができれば、人々の生活により必要な存在になると私は考えている

4. 今後に向けて

2022年度については、対面講義にて実施する予定である。

2021年度はオンライン講義のため叶わなかった、各授業90分のうち前半の70分を講師からの講義とし、残りの20分を受講生からの質疑にあてることで、受講生には、社会の分断と排除が進む社会において、協同組合が社会統合と地域社会の開発において新たな可能性を提供できる存在であることを理解いただくことを期待したい。

さらに、座学だけでなく、グループワーク（演習）やインターンシップ（実習）を組み合わせることにより、学生が協同組合の精神を複層的に学習できる仕組み作りに向け、ほかの協同組合との連携を進めることを検討したい。

（2022年10月号掲載）

第11章
包括連携協定

一般社団法人日本協同組合連携機構
伊藤　治郎

1. はじめに

2012年の国際協同組合年（IYC）や2018年の（一社）日本協同組合連携機構（以下JCA）の設立を契機に、県域での協同組合間の対話が進むなかで、これまでの連携をさらに進めようとする動きや、新たな連携の動きが生まれています。これまで「連携協定」は協同組合と地方公共団体との間や、協同組合間でも産直や災害時など個別課題について締結されていることが主流でしたが、本稿では協同組合間の「包括連携協定」を締結することで、連携を後押ししたり、新たな連携の契機となっている
ことについて、事例を紹介しながら見てみたいと思います。

2. 協同組合間の連携

戦後の日本における協同組合間の連携は、1950年代後半から始まる消費者団体、生協、農協婦人部、労働組合の参加による物価値上げ反対運動や生協と農漁協による牛乳や農畜水産物の産直運動に始まります。そのなかで、1972年の日生協と全農の「提携関係強化に関する覚書」、1985年の全漁連と日本生協連、全酪連と日本生協連の提携に関する覚書の締結など全国連合会における連携が模索されました。また、1966年にICA原則が改定され、「協同組合間協同」が加えられたことを受けて、1970年の第12

回全国農協大会で決定された「生活基本構想―農村生活の課題と農協の対策―」において、「協同組合間協同と関係諸団体、諸機関との提携強化」が打ち出されました※1。

1990年代から2000年代には停滞したかのように見えた協同組合間連携ですが、IYCを契機に再び機運が高まりました。少子化・超高齢化が進む中、2015年には人口が減少局面に入りました。その一方で東京圏への人口移動は止まらず地方との格差が広がるなかで、IYCのスローガンとして「協同組合がよりよい社会を築きます（Cooperative Enterprises Build a Better World）」が掲げられ、貧困削減や雇用創出、社会的統合など、協同組合が社会経済開発へ貢献することへの期待が示されました。

さらに、2015年9月に国連総会で採択された「持続可能な開発目標（SDGs）」では、貧困、不平等、環境などの課題に全世界で取り組むことが確認され、協同組合も役割を発揮することが求められています。

こうした流れの中、2018年にはJCAが設立されました。JCAは、「協同組合の健全な発展をはかるとともに、地域のよりよいくらし・仕事づくりへ貢献すること」を目的とし、協同組合間連携の促進、政策提言･広報、教育･調査研究を行うことを定款で掲げています。その事業の一環として、県域での協同組合連携組織の設立支援や協同組合が地域の問題について話し合うこと（ラウンドテーブル）などを推進しています。2022年3月現在では、42都道府県で連携組織が活動し、11都道府県でラウンドテーブルが開催され、協同組合間連携による地域課題への取り組みが進みつつあります。

3. 協同組合間の包括連携協定

JCAの「日本の協同組合間連携に関する研究会」における3年間の研究をもとに発刊された書籍『これからの協同組合間連携』（2021年10月、石田

※1　前田健喜「いのち・地域を未来につなぐ　これからの協同組合間連携」（石田正昭編著、家の光協会　2021.10）第3章「戦後日本における協同組合間連携の歴史」より引用。

正昭編著、家の光協会）では、協同組合間連携を6つの類型に分類しています。

①　産消提携型　　②　事業連携型　　③　地域連携型
④　学習会・イベント型　　⑤　災害支援型　　⑥　人材育成型

協同組合間、とくにJAと生協の連携には前述の通り長い歴史があります。とくに上記類型①の「産消提携型」はJAと生協の産直として事業・活動の両面で定着しており、産直提携や地産地消に特化した形で協定が結ばれている事例があります。

たとえば、福井県民生協はJA越前たけふと「農産物普及促進に関する協力協定」、JA花咲ふくいと「地産地消をすすめる協定」を締結するだけでなく、JA福井県経済連と2016年に「ふくい地産地消をすすめる協定」を締結し、それをもとに2018年に県産農産物を使った弁当や総菜の加工施設を稼働させました。

また、類型②の「事業連携型」としては、JA全農みやぎ・JA仙台とみやぎ生協が協同運営するスーパーマーケット「A&COOP」やJA静岡経済連とパルシステム静岡の宅配事業の連携などがあげられます。

「包括連携協定」はそれらの連携の活動をすべて包含し、事業・活動を通じて地域が抱える課題の解決や地域づくりのために連携することを確認する協定であるといえます。

4. 全国の包括連携協定の締結状況

JCAでは年1回県域における協同組合間連携の実態について調査していますが、2022年3月末時点で把握できている包括連携協定は次頁図表1の通りです（名称に「包括」という名称がなくても、内容が包括的な場合は図表に入れています）。

締結時期を見ると、多くは2018年以降に締結されています。JCAの設立もあり、地域において協同組合が連携して様々な課題に対処していこうという機運が高まったことも影響していると考えられます。

次節で、包括連携協定を締結して具体的な連携事業につながった2つの例を紹介します。

図表1　全国包括連携協定締結状況

都道府県	協定名	締結団体	協定事項
北海道	「北海道生活協同組合連合会とJAグループ北海道との相互連携協力の推進に係る協定書」(2018.10.31)	北海道生協連 JA北海道中央会 北海道信連 ホクレン 北海道厚生連 全共連北海道本部	①誰もが安心して暮らし続けられる地域社会への貢献活動 ②子どもの居場所づくりを推進する子ども食堂への活動支援 ③生活習慣病及び介護予防など健康寿命を伸長する高齢者福祉活動 ④食の安全・安心、安定供給に関する啓発・要請活動 ⑤SDGsに関する社会･経済情勢を学習する公開講座の共催 ⑥その他、本協定の目的を達成するために必要と認めて合意した事項
山形	包括連携に関する協定 (2021.12.27)	生活クラブ連合会 酒田市 庄内みどり農協 生活協同組合庄内親生会	①食の安全･安心に関すること。 ②健康と福祉の向上に関すること。 ③環境保全に関すること。 ④自然エネルギーの振興に関すること。 ⑤農業の振興に関すること。 ⑥地域のまちづくりの推進に関すること。 ⑦教育、文化及びスポーツの振興及び発展に関すること。 ⑧災害が発生した場合における支援に関すること。 ⑨生涯活躍のまち構想など、地域への移住定住人口と交流人口の増加に関すること。 ⑩地域循環共生圏の形成に関すること。 ⑪その他､4者が必要と認めること。 ⑫上記項目の取り組みに関する情報発信に関すること。
栃木	「地域活性化に関する包括連携協定」 (2021.5.19)	JAなすの 那須信用組合	①地産地消及び地産外消の強化に向けた支援等、地域資源の活用に関すること。 ②人材育成に関すること。 ③その他、地域経済活性化に関すること。
神奈川	「事業連携を通じた地域振興･地域貢献に関する包括協定書」 (2019.3.13)	JAはだの パルシステム神奈川	後述
香川	「『豊かで暮らしやすい地域社会づくり』に向けての包括連携協定」 (2019.1.11)	JA香川県 コープかがわ	後述

山口	「山口県協同組合間事業提携基本協定書」（1991.9.24）	山口県経済連 山口県漁連 山口県森連 山口県酪農協 深川養鶏農協 山口中央生協（コープやまぐち）	①県内農林畜産物（加工を含む）の生産振興ならびに消費拡大に関する事項 ②機能の相互補完と事業拡大に関する事項 ③新規事業と商品開発に関する事項 ④ふれあいのある地域づくりと自然環境保護に関する事項
鹿児島	「協同組合間連携 30 周年協定書」（2015 年）	JA 鹿児島県経済連 コープかごしま	①協同組合理念普及 ②共通管理基準に基づく運動商品開発 ③相互の事業機能の集中化 ④教育や人事の交流 ⑤福祉介護や買い物支援などの高齢化対応
沖縄	「包括連携協定」（2022.3.28）	JA グループ沖縄 コープおきなわ	農業や地域社会の振興に寄与することを目的とする

5. 包括連携協定に基づく連携の具体例

(1)　JA 香川県とコープかがわの連携※2

JA 香川県は県内 45JA が合併した単一農協で組合員 14 万人、コープかがわは 19 万人の組合員を擁する県内唯一の地域購買生協です。2017 年の秋に両組合の理事長が地域のために一緒にできることはないかを話し合ったことが契機となり、実務者による本格的な検討が始まり、2019 年 1 月に「『豊かで暮らしやすい地域社会づくり』に向けての包括連携協定」の締結に至りました（次頁図表 2）。

この包括連携協定の目的は「協同組合組織としての特性を生かした連携・協力により、協同組合の力で豊かで暮らしやすい地域社会づくりに貢献すること」であり、その達成のために以下の事項について連携・協力して実施するものとしています。

① 地域コミュニティーの維持発展および健康で豊かなくらしづくりの拠り所となる店舗施設や小さな拠点づくりに関すること

※2　原直行「JA 香川県とコープかがわによる連携事業の運営状況と今後の発展可能性」『にじ』2021 年春号、19-27 頁、日本生協連『CO･OP navi』2021 年 5 月号

② 生産者と消費者を結びつけ、地域社会を支えるプラットフォームの提供に関すること

③ 食の安全・安心、安定供給に関すること

④ 地域資源を活用した産業振興や観光振興など地域社会経済の活性化に関すること

⑤ 本協定の趣旨に賛同するほかの協同組合組織等の参加促進に関すること

⑥ その他、本協定の目的を達成するために必要と認めて合意した事項

協定に基づく具体的な事業として、以下の3つの事業が実施されました。

(i) JA 香川県の直売所「三木とれとれ市」(木田郡三木町)にコープかがわの宅配商品の受け取り施設「ココステーションみき」を開設(2019 年 10 月)※3。

(ii) JA 香川県の農産物直売所「讃さん広場」(丸亀市飯山)の敷地内にコープかがわの新店舗「ここね飯山」をオープン(2020 年 5 月)

(iii) コープかがわの「コープ太田店」(高松市伏石町)の店内に JA 香川県の「JA 産直市コープ太田店」をオープン(2020 年 10 月)(写真 1)

図表 2　JA 香川県とコープかがわの連携協定

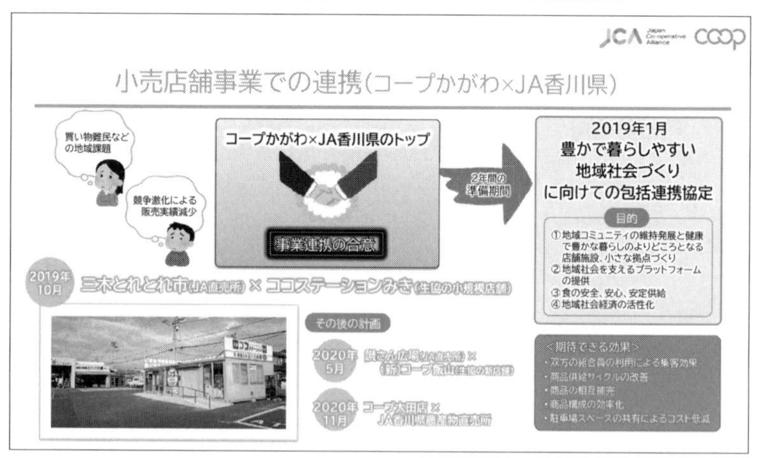

※3　2021 年 9 月、「JA 香川県よりそいプラザ福栄」内に、「ココステーション福栄」もオープン。

前述の包括連携協定とそれに基づく連携事業の背景には、JA、生協ともに直売所と店舗事業の伸び悩みという課題を抱えており、事業再編の必要を感じていたことがありました。これらの連携を通じて、お互いの経営資源を共同利用し効率化をはかり、同時にお互いの強み・弱みを補完することで、相乗効果が生まれました。たとえば、コープ太田店ではこれまでの課題であった農産物の鮮度問題が解消され、来店客数の増加と供給高の底上げにつながっています。

写真１ コープかがわ「コープ太田」店内のJA香川県「JA産直市コープ太田店」

これらの事業にとどまらず、両組合は定期的に会議を開き、具体化された事業の成果と課題を確認するとともに、新たな連携事業に向けた検討を行っています。

JA香川県とコープかがわの事例は、トップ同士の対話によって問題意識を共有したことが「協同組合の力で豊かで暮らしやすい地域社会づくりに貢献する」という目的を掲げた包括連携協定に結実し、それに基づき、両組合の職員が確信をもって事業化に取り組んだというものです。それぞれの理事長の発言にも連携への思いが表現されています。

〈JA香川県・木内理事長〉

「コープかがわと連携させてもらってよかった。当初の目的である『協同組合が地域を支えます』が形になり、コープかがわの理念や取り組みについて話を聞かせてもらい、一緒にやっていけるという確信ができた。これからの可能性を感じている」

〈コープかがわ・木村理事長〉

「組合員の交流と同じくらい双方の組合の事業利用は重要である。高齢化、人口減少が進む香川県で単独にできることが段々限られてくるなかで、力を合わせたほうがよいこと、経営資源を共同利用したほうがよいことは一緒にやる」

(2) JAはだのとパルシステム神奈川の連携[※4]

JAはだのは、神奈川県秦野市をエリアとするJAで、組合員約1.4万人、そのうち8割が准組合員です。組合員の意見を聞くという点で、正・准の区別なく訪問活動や教育事業が行われ、総会（2021年度より総代会）にも多くの准組合員が参加するというJAの範と目されてきました。しかし、1990年代以降組合員の高齢化による女性部員の減少とそれに伴う活動の基礎組織である班の減少、さらには班を対象としてきた月1回の共同購入事業の低迷が大きな課題となっていました。

パルシステム神奈川は、神奈川県全域をエリアとする組合員34万人、購買事業は宅配事業100％の生協です。2000年の設立以後順調に組合員数と事業高を伸ばしてきましたが、2008年以降成長は鈍化しました。また、事業エリアの中心は県の東部で、秦野を含む西湘・県西エリアは事業・組織とも基盤は強いとはいえませんでした。また、パルシステムグループは関東一円で統一カタログでの宅配事業を展開していますが、パルシステム神奈川は地産地消を求める組合員の声を受け、2017年には県独自のカタログ「いいね！かながわ」による宅配事業を開始するなど、地域を意識した事業・活動を進めるようになりました。

両者の関係は、2017年3月に発足した、「神奈川県協同組合連絡協議会（かながわCo-ネット）」を通じて始まりました。全国的にみると協同組合の連携組織にはJA県中央会や県生協連等の県段階の組織が参加しているのが一般的です。しかし、神奈川県の場合は単位組合も加盟しており、同協議会には83組織、JAは20組合・連合会、生協は21組合・連合会が加盟しているのが大きな特徴です。そこでのつながりを生かし、パルシステム神奈川は、県内の協同組合との関係を強化するため、県内のJAや漁協への訪問活動を行いました。そのなかでJAはだのから、女性部の共同購入を任せたいという申し出を受けました。そして共同購入の移管だけでなく、地域の課題解決に資する協定に向けた協議が進み、2019年3月に「事

※4　西井賢悟「地域活性化を目指した包括協定による協同組合間連携の展開――JAはだのとパルシステム神奈川の取り組み――」『にじ』2021年春号、28-36頁

業連携を通じた地域振興・地域貢献に関する包括協定書」が締結されるに至りました。連携事項は以下の通りです。

① 食と農に関する学習活動に関すること
② 組合員・役職員の交流による協同組合運動の実践および人材育成に関すること
③ SDGs全17項目の目標達成に向けた取り組みに関すること
④ 組合員への生活関連物資等の供給に係る事業の相互利用促進に関すること
⑤ 秦野市産の農畜産物および農畜産加工品の流通促進に関すること
⑥ 相互の施設やインフラを活用した事業展開に関すること
⑦ 災害時における連携、協力に関すること
⑧ その他目的の達成に必要な事項に関すること

JA組合員が生協の事業を利用するためには、生協法の員外利用規制があるため、パルシステム神奈川に加入する必要があります。協定の締結後、JAはだのはパルシステム神奈川の組合員となることを希望する女性部員を仲介しました。両方の組合に加入している「共通組合員」は、協定締結後の2019年4月時点では28人と少数でしたが、2020年11月には414人に増加し、供給高は移管直前の1,600万円から2020年度は5,000万円を超えるまでに成長しました。

協定に明記された事項を具体化するために両組合の職員による5つのプロジェクトを立ち上げています。

①農業振興については、JAの農業に関わる都市住民の拡大を目的とする「はだの農業満喫CLUB」へのパル組合員の

図表3　パルシステム神奈川「いいね！かながわ」作り手募集チラシでJAはだの紹介の商品（しょうゆ）を掲載（パルシステム神奈川HPより）

参加、②農産物販売はパルシステム神奈川の「いいね！かながわ」での商品取り扱い（前頁図表3）、③経済・流通ではパル組合員のJAのSSや葬祭サービスの利用、④総務・交流は人材相互交流研修、⑤食・生活・女性についてはJA女性部役員と生協の理事との意見交換会やJAの子育て支援活動へのパル組合員の参加など、具体化が進んでいます。

とくに事業以外の課題については、女性が中心の生協の組合員の参加がJAの女性組織へのよい刺激になっているといえます。

6. まとめ

今回紹介したような包括連携協定は、組織としての意思を内外に示すことで、実際の連携の事業や活動を後押しするものとなっています。しかし、協定書そのものも重要ですが、それ以上に重要なのは、締結するにあたっての対話のプロセスと、協定の具体化のために、実際に連携を進める実務者同士が十分に話し合いながら進めていくことではないでしょうか。

同じ協同組合といっても、組合員の特性や事業、歴史や文化も異なります。ただし、同じ地域で暮らし、働く人々を組合員としていることは共通しています。時には重複したり競合したりする事業もあるでしょう。今後人口が減少し、経済成長も期待できない時代にあって、持っている資源を持ち寄り、弱みを補完しながら持続可能な地域づくりのために連携を進めていく必要があります。そのヒントが今回ご紹介した包括連携協定の事例をはじめ、全国各地に生まれつつあります。

JCAは、新たな連携につなげるプラットフォームの役割を果たすべく、全国各地で進んでいる協同組合間連携による地域づくりの事例を集め、学びあい、交流する場を提供します。

（2022年6月号掲載）

第12章
「協同組合の地域共生フォーラム」について

一般社団法人日本協同組合連携機構
横溝　大介

1. はじめに

2021年10月2日（土）、第3回目となる「協同組合の地域共生フォーラム」が、JAグループのAgVenture Labを拠点に発信する形でオンライン開催されました（図表1）。

本フォーラムは、日本協同組合連携機構（JCA）が、2019年から開催しているイベントの1つで、医療介護、福祉、地域づくりを担う協同組合が一堂に会して地域共生について交流し学びあう場です。

フォーラムの企画や運営を担うのは7つの協同組合組織がJCAの下に結成する実行委員会で、JCAはこれを通じて協同組合のプラットフォーム機能を発揮しています。また、4つの官公庁、31の医療介護の関連組織

図表1 「第3回　協同組合の地域共生フォーラム」案内（抜粋）

第3回 協同組合の地域共生フォーラム
～ともに生きる地域づくりと協同組合の役割～
---くらしまるごとケアを求めて---

協同組合らしい地域ケア、地域共生を考えるフォーラムは3回目を迎えます。コロナ禍においても協同組合はその特性を発揮し、地域の人々の命、くらし、健康を守り、支えています。今回はオンラインを活かし、医療・介護・地域の取り組みを現場の皆様とともに共有し、ともに生きる地域づくりと協同組合の役割を探ります。

日時　2021年10月2日(土)13時～16時30分　※Zoomでのオンライン開催

から後援もいただいており、フォーラム当日は、毎年、厚生労働省から来賓のご挨拶をいただいています（図表2）。

図表２「協同組合の地域共生フォーラム」関係組織

担当		組織数	組織名
主催		1	（一社）日本協同組合連携機構（JCA）
実行委員		7	日本生活協同組合連合会、日本医療福祉生活協同組合連合会、日本労働者協同組合連合会、ワーカーズ・コレクティブネットワークジャパン、全国農業協同組合中央会、全国厚生農業協同組合連合会、日本文化厚生農業協同組合連合会 ＊2022年度から労働者福祉中央協議会がオブザーバー参加
後援	行政	4	内閣府地方創生推進室、総務省、厚生労働省、東京都
	医療介護関連組織、NPO等	11	（社福）全国社会福祉協議会、（公社）日本医師会、日本赤十字社、（社福）恩賜財団済生会、（公社）全国自治体病院協議会、（公社）国民健康保険診療施設協議会、（一社）日本慢性期医療協会、（一社）地域包括ケア病棟協会、（一社）日本公的病院精神科協会、（特非）日本NPOセンター、（一社）SDGs市民社会ネットワーク
	協同組合全国組織等	20	全国漁業協同組合連合会、全国森林組合連合会、全国労働者共済生活協同組合連合会、（一社）全国労働金庫協会、全国農業協同組合連合会、全国共済農業協同組合連合会、農林中央金庫、（一社）家の光協会、㈱日本農業新聞、㈱農協観光、（一財）全国農林漁業団体共済会、全国大学生活協同組合連合会、日本コープ共済生活協同組合連合会、（一社）全国信用金庫協会、（一社）全国信用組合中央協会、全国中小企業団体中央会、（一社）日本共済協会、生活クラブ事業連合生活協同組合連合会、労働者福祉中央協議会、日本協同組合学会

2. 2021年の第3回フォーラムについて

「ともに生きる地域づくりと協同組合の役割」を掲げた2021年のフォーラムは、約440名（申込ベース）と過去最多の参加となりました。

当日は、第1回目（2019年）から熱心に関わっていただいている、斉藤弥生大阪大学大学院教授（人間科学研究科）の基調講演（写真1）と全国各地の協同組織による現場報告（「医療・福祉」分野：3本、「地域づくり」分野：3本）を中心に構成しました。

写真1　斉藤弥生教授による基調講演

また、初の試みとして、グループ交流会の時間を設け、参加者に感想や意見の交流を行っていただきました。最後には、参加者に各地で医療、介護、地域づくりに取り組む協同組合が集まり情報交換する場を持つこと、そして、それを土台にして地域での協同の取り組みを検討してもらいたいと各県域での行動を呼びかけました（図表3）。

参加した方からは、アンケートの中で「とても元気がもらえるフォーラムだった」「講義とご報告から学びがあった」「様々な方のお話をグループ交流で聞くことができ有意義だった」等の前向きな感想を多くいただきました。

図表3　2021年のプログラム

Ⅰ．基調講演
「ともに生きる地域づくりと協同組合の役割」　斉藤弥生・大阪大学大学院教授
Ⅱ．現場報告1～コロナ禍における医療・介護現場での取り組み～
①「コロナ禍における地域協同組合活動の組織づくり」 大野 正喜氏（広島中央保健生活協同組合 専務理事）
②「中山間地における医療と介護の拠点づくり」 矢澤 正信氏（JA長野県厚生連 富士見高原病院 統括院長）
③「共生ケアの取り組み」　佐藤 健二氏（パルシステム東京　常務理事）
Ⅲ．現場報告2～コロナ禍で地域を支える取り組み～
①「余市まちづくり講座から『かぜてくらぶ』誕生」 石本 依子氏（ワーカーズコープ北海道事業本部　副本部長）
②「東京都東村山市におけるワーカーズ・コレクティブと生活クラブ東京の地域連携」　香丸 眞理子氏（NPO法人ACT・人とまちづくり　理事長）
③「JA愛知東女性部　『やなマルシェ』による地域活性化の取組み」 加藤 久美子氏（愛知東農業協同組合　女性部部長） 小山　幸浩氏（愛知東農業協同組合　組合員課課長）
Ⅳ．グループ交流～グループに分けれて感想・意見の交流～
Ⅴ．行動の呼びかけ

3. 新たな連携の切り口として

当フォーラムでは、「地域共生」を医療や福祉に限定することなく、小さな困りごと解決や居場所づくりをはじめとした地域づくりまで含めて広くとらえています。

2018年の設立以来、JCAでは協同組合の連携事例を収集してきましたが、産直や店舗・移動購買車を通じた事業連携をはじめ、伝統的な協同組合連携では相当数の事例が積み上がっています。

その一方、協同組合組織の中期経営計画・単年度事業計画を拝見すると、共通して見られるのは「地域共生社会」や「まちづくり」等の言葉です。もちろん各協同組合は事業分野が異っていますが、地域に対しては共通のビジョンを持っており（図表4）、この点において連携できる土壌が整っています。

さらに、近年のSDGsへの関心の高まりやコロナ禍で医療・介護、まちづくりの重要性のクローズアップにより、「地域共生社会」をキーワードとした連携が一段と進みやすい環境になっています。JCAではこうした切り口でも協同組合間連携をこれから進めていきたいと考えており、その推進のため「協同組合の地域共生フォーラム」が位置づけられます。

図表4　主な全国協同組合組織の理念・ビジョン

組　　織	理念・ビジョン（一部抜粋）
JAグループ （JA綱領）	環境・文化・福祉への貢献を通じて、安心して暮らせる豊かな地域社会を築こう
生協グループ （日本の生協の2030年ビジョン）	安心してくらし続けられる地域社会
医療福祉生協連 （医療福祉生協の2030年ビジョン）	誰もが健康で居心地よくくらせるまちづくりへの挑戦
JF全漁連 （JF綱領）	消費者や地域とのつながりを深め、「人を大切にする社会」、「民主的で公正な社会」の実現に努めます
森林組合 （Jforest森林組合綱領）	水源の保全、国土の安全、健全な森林環境と良質な木材を国民へ提供しながら、健康で安心豊かな住生活を支えていくことを使命とします。
日本労協連	誰ひとり取り残されない社会・持続可能な地域 （※日本労働者協同組合（ワーカーズコープ）HP「わたしたちが目指すもの」より抜粋）

4. 今後に向けて

2019年に開催した第1回目のフォーラムは、東京都内の明治大学の教室を借りて実開催で行われました。当時の参加者は約250名でした。その後の第2回（2020年)、第3回（2021年）はコロナ禍でオンライン開催となり参加しやすくなったこと、回数を重ねることで認知も高まったことで、参加者は年々増加しています（2020年は約350名、2021年は約440名)。しかし、こうした参加者の大多数は協同組合関係者であることも事実です。将来的には、協同組合の枠を超え、行政やNPOのような非営利組織など、共通の目的を持つ組織にも事例報告をお願いするなど、より幅広い参加と交流を実現できたらと考えています。

また、本フォーラムは全国域で開催しているイベントとなります。しかし、地域課題およびその解決のヒントは現場にあります。たとえば、富山県ではすでに20年以上も前からJA、生協、社会福祉協議会等が参加して「「地域協同」推進シンポジウム」が行われていますが、こうした県域はまだまだ少数です。

JCAは、今後、全国各地で県域版の「協同組合の地域共生フォーラム」が開かれ、協同組合や非営利組織の連携によって、少しでも地域共生社会の実現に貢献できるよう工夫していきたいと思います。

（2022年5月号掲載）

第13章
国際協同組合デーの取り組みについて

一般社団法人日本協同組合連携機構
前田 健喜

毎年7月第1土曜日は「国際協同組合デー」(以下適宜「デー」と略します)。2022年のデーは、国際協同組合同盟（ICA）が1923年に第1回を祝ってから100回目のデーとなります。

1. 国際協同組合デーの始まり

国際協同組合デーが始まった経緯については、中川雄一郎明治大学名誉教授が次のように紹介しています[※1]。

1895年のICA設立以来、3年以内の間隔で開催されてきたICA大会は、1913年の第9回グラスゴー大会の後、第1次世界大戦（1914～1918年）のために中断し、再開されたのは8年後の1921年のバーゼル大会でした。しかし、バーゼル大会の後、ヨーロッパで再び不穏な空気が漂い始めます。協同組合運動が発展していたイタリアで1992年にファシスト政権が出現し、やがて協同組合の弾圧や暴力的な乗っ取りがおこなわれるようになります[※2]。

そうしたなかで、当時のICA会長フートハルト[※3]（G.J.D.C.Goedhart）は、協同組合がより人間的な経済や社会を実現していくことを、組合員だけで

※1　中川雄一郎「協同組合のビジョンとアイデンティティの歴史」中川雄一郎・杉本貴志編『協同組合を学ぶ』日本経済評論社、2012年、53～58頁。
※2　中川前掲論文、53頁。
※3　名前のカタカナ表記は次の文献によった。鈴木岳「G.J.D.C. フートハルト」『生活協同組合研究』第431号、2011年12月。

なく一般の人たちにも知らせることの必要性を訴え、1922年10月のICA執行委員会は、7月第1土曜日を「協同組合人の日」とすることを決定し、1923年7月7日の「協同組合人の日」が最初のデーとなったのです。

この日のためのメッセージでフートハルトは、「この祭典は、全世界の人びとに、協同組合人の連帯と協同組合の組織力が経済的解放の手段となっていくことを、また世界平和の保障となっていくことを明示する効果を発揮するであろう」と述べました※4。

このように、協同組合がよりよい社会を実現していくこと、それが世界平和を実現していくことを、組合員以外の一般の人たちを含め広く訴えるために1923年、デーは始まりました。

ICAのウェブサイトでは現在、デーの目的を「協同組合への認知を高め、国際連帯、経済的効率性、平等、世界平和という協同組合運動の思想を広めること」としています※5。

2. 国際協同組合デーのテーマ

こうしてスタートした国際協同組合デーは、世界の協同組合がその存在を社会に訴える機会となってきました。ICA設立100周年の1995年からは国連も、この日を国際デーの1つとしました※6。

毎年、デーのテーマがその時々の世界の情勢や協同組合の課題に応じてICAと国連の関係機関との協議により決定され※7、世界に向け発表されます。これを受けて、日本ではJCAがテーマを和訳して発表します※8。

ここ数年のテーマは以下の通りです。持続可能な開発目標（SDGs）や

※4　中川前掲論文58頁。

※5　ICAウェブサイト https://www.ica.coop/en/newsroom/news/join-us-celebrate-international-daycooperatives-2021

※6　1992年12月16日国連総会決議A/RES/47/90（https://documents-dds-ny.un.org/doc/UNDOC/GEN/N93/168/79/IMG/N9316879.pdf?OpenElement）が、1995年の国際協同組合デーを国連として宣言しました。2022年の第100回国際協同組合デーは、第28回国連国際協同組合デーでもあります。

※7　テーマの決定は、ICA、国連経済社会局（UNDESA）、国際労働機関（ILO）、国連食糧農業機関（FAO）、国際貿易センター（ITC）で構成される協同組合振興・促進委員会（COPAC）において行われます。

※8　最近のテーマ発表の時期は2017～2019年は2月、2020・2021年は4月。

コロナ禍など、世界の情勢を踏まえて決定されていることがわかります。

2016年　協同組合 持続可能な未来のために行動する力
2017年　協同組合はだれも取り残されない社会を実現します
2018年　協同を通じた持続可能な社会へ
2019年　協同組合は働きがいのある人間らしい仕事（ディーセント・ワーク）を実現します
2020年　協同組合の力で気候変動に立ち向かおう
2021年　協同組合は、力を合わせて、コロナ後の社会の再建に貢献します
2022年　協同組合はよりよい社会を築きます
（2023年　協同組合は持続可能な社会づくりに貢献します）

3. 日本での国際協同組合デーの取り組み

日本でもかなりの県において、県域の協同組合連携組織が中心となり国際協同組合デーを記念するイベント等が行われています※9。

全国組織でも毎年、JCAの呼びかけの下有志団体（現在12団体）による国際協同組合デー記念中央集会準備事務局が設けられ、デー記念中央集会の開催やポスター・リーフレットの作成を行っています。こうした、多くの団体が参加・分担して記念中央集会等を準備する形は、2012年の国際協同組合年（IYC）の際に、ICA会員以外の幅広い協同組合全国組織を含めたIYC全国実行委員会が組織されたことをきっかけに始まったもので、このプロセス自体が全国組織間の連携を強めることにつながっています。

4. 2022年の国際協同組合デー

ICAは2021年12月にソウルで開催された世界協同組合大会を起点として協同組合のアイデンティティ（定義・価値・原則）に関する世界的な協議をスタートしました。そうしたなか、2022年の国際協同組合デーの

※9　JCAによる都道府県協同組合連携組織実態調査 https://www.japan.coop/cooperation/survey/pdf/survey_210830.pdf

テーマは協同組合のアイデンティティをめぐるものになると見込まれています。

JCAでは、アイデンティティの世界的な協議に対応して、2022年度は協同組合のアイデンティティを実践に結び付けながら学習・理解していく取り組みをすすめていきます。

各都道府県や各地域での国際協同組合デーのイベント等も、可能であればぜひ協同組合のアイデンティティを学ぶ機会としていただきたいと考えています。JCAでは、都道府県でのイベントや学習会で活用いただけるような、協同組合のアイデンティティに関する学習資材を、6月末までに作成する予定です。また例年通り、ポスターやリーフレットも全国でご活用いただけるよう6月には提供（リーフレットはJCAウェブサイトに掲載）の予定です。

国際協同組合デー記念中央集会（7月4日開催予定）も、2022年は協同組合のアイデンティティをテーマとします。ハイブリッド形式で、全国の協同組合関係者をはじめ多くの方々の実参加・オンライン参加の下、事例報告に基づき実践からアイデンティティを学習・理解する機会としていきたいと考えています。

また、2022年は記念すべき第100回の国際協同組合デーです。準備事務局では、デー記念中央集会当日にとどまらない新たな取り組みとして、「第100回国際協同組合デーSNS企画」を企画しています。インスタグラムを用いて、さまざまな協同組合の取り組みを100事例、協同組合のアイデンティティと結びつけながら紹介していく企画です。

国際協同組合デーは、協同組合運動にとって、その存在を社会に訴える重要な機会です。こうした趣旨を改めて踏まえ、JCAとしても今後、デーの活用や活用支援を行っていきたいと思います。

（2022年5月号掲載）

第14章
協同組合間連携の持つ可能性に確信を持っています

一般社団法人日本協同組合連携機構
比嘉 政浩

1. 協同組合間の連携が広がっています

日本協同組合連携機構（以下「JCA」）のホームページ（https://www.japan.coop/）で、現在、異種協同組合間連携の事例を掲載しています。2022年1年間でJCAは50本の「県域連携ニュース」を掲載し、新たな取り組みを紹介しています。各県域を対象とした調査でご報告いただいた連携事例・イベントは過去のものを含めて165事例におよびます。

写真１ 『これからの協同組合間連携』

また、『これからの協同組合間連携』（編著者石田正昭氏、家の光協会発行）（**写真1**）では、JCAが目指しているもの、協同組合間連携の歴史、取り組みの分類、事例紹介、今後の展望などを示しています。協同組合間の連携は確実に広がっています。

2. 協同組合間連携が広がっている背景は

JAなどの協同組合は、農業振興、地域貢献などの使命を掲げています。しかし、組合員や地域を取り巻く課題は深刻化、複雑化（多くの要因が絡み合っている）しつつあります。

一方でJAなどの協同組合は経営体で、その経営資源は限られています。

こうしたなかでのJCAの提案は、異種協同組合との連携です。第1章でご紹介したように、各協同組合グループは地域活性化に努める、地域の課題解決に尽力することで一致しています。JAと同様、地域から逃げられないという宿命を持ち、地域が元気にならなければ自らの展望も開けない協同組合が多いことも背景にあります。

一方で、各協同組合が得意とする分野はそれぞれ異なっています。協同組合に限らず有効な連携相手を模索する必要はありますが、共通の理念を持ち、お互いの得意分野を持ち寄って補完し合える協同組合は、連携相手として最適だと考えています。

3. 農協改革集中推進期間を経験したJAグループとして

政府関係者がさかんに農協改革の必要性を説いていたころ、私は全中に在籍し対政府折衝等にあたっていました。本稿の主題ではありませんので紙幅を割くことはできませんが、「政治的決定を最終的に左右するのは、各地域においてJAグループがどのような評価を得ているか、地域にとって欠くことのできない組織であるとの評価を得ているかどうかである」との実感を強く持ちました。

JA経営をめぐる情勢は厳しいのですが、「JAはほかの協同組合と同様、地域課題解決の一翼を担う重要な存在である」との自己規定を持ち続けること、その自己規定にふさわしい取り組みを継続することが重要であると考えています。異種協同組合との連携は、こうした認識に立ったうえで、厳しい経営環境の下でも実践可能な工夫であると思います。

4. 協同を広げていく

JAなどの協同組合は、組合員の共通の利益（共益）を追求する相互扶助の組織ですが、真摯に共益を追及することで共鳴者、参加者が増えていき、地域全体の公益実現につながることが理想でしょう。

コロナ禍の下、JAなど協同組合の支援を受けた学生の方からは「自分も社会に還元できる存在になりたい」と感謝の声が寄せられました。異種協同組合間の連携による地域貢献は、協同、相互扶助の輪が広がる契機にもなっていると思います。

5. ゆるやか

もちろん、ほかの協同組合と一致できない点はあります。大きく地域課題解決では一致しても、具体的な目標が違うのだから一致できない点があることは自然であたり前のことです。一致できない点があることをもって、すべての面で連携できない、と整理することは得策ではありません。

それぞれの協同組合が主体性を持ちつつ連携するのであり、1つの組織になろうと提案しているわけではありません。入口で「一致できる点で連携する」との原則を確認する必要があると思います。少なくともまずはゆるやかに連携することが大原則だと考えています。

6. あいのり

いずれかの協同組合が実践できている取り組みは、実務上実践可能と証明されています。素晴らしいアイデアであっても、実務上可能か否かが常に課題になりますが、実践できているのであればこれをクリアしていることになります。

ほかの協同組合の実践にあいのりしていくことを検討し、またJAグループの実践にあいのりしていただくことを提案しましょう。相互のあいのりによって、よい取り組みの輪が広がり、あるいは、多様性により充実していくことも想定できます。

7. やってみる

協同組合のアイデンティティは「事業を通じて組合員のニーズや願いを実現し、地域に貢献する」ことです。協同組合間連携も、事業につながり、あるいは、組合員や地域の課題解決に直接挑戦することが期待されます。

しかし、その前提は、役職員間の相互理解、人間関係、信頼関係の構築だと思います。たとえば、SDGsやICA（国際協同組合同盟）が提起しているICA声明（協同組合の定義・価値・原則）の改定などについて共通の学習機会を持つなど一緒に仕事する機会を作り、これらを通じて相互理解が進むことがまず重要だと思います。

協同組合間連携の中には1970年代に始まり、今や共同での商品開発や人事交流にまで発展している事例もありますが、いきなりここを目指す必要はないと思います。そして、やってみてうまくいかなければ撤退も容認する。まずはやれることからやってみることが大事だと考えます。

この「ゆるやか」「あいのり」「やってみる」が協同組合間連携の「原則」であると思います。

SDGsへの取り組みのロゴマーク

8. JCA の提起は「ラウンドテーブル」

JCA は、各協同組合が地域や自らの課題を持ち寄り率直に意見交換する場＝「ラウンドテーブル」を持つことを提起しています。すでに 37 県の県域で何らかの形でラウンドテーブルについて動きがあり、具体的な実践に発展した例もあります。

ラウンドテーブルは JCA 初の中期計画の柱として 2021 年度から提起しているものです。お受けとめいただいた県域等に感謝します。

JCA は、「全国一律でこうした異種協同組合間連携を実践しよう」という具体的な提案はしていませんし、これからもしないと思います。異種協同組合間の連携はあくまで課題解決のための手段です。そして、各地域の課題はそれぞれであり、したがって実践すべき具体策も異なってくると考えているからです。

ラウンドテーブルの開催ノウハウは蓄積されています。ご関心のある方は JCA にお問い合わせください。

9. まずは県域、さらに地域へ

協同組合間の連携は、JA など単位協同組合の間、地域単位で実践されることが期待されますが、現状は県域組織間での実践が先行しています。ラウンドテーブルもまずは県域、次第に地域に広がっていけば素晴らしいと思います。

また、県域の協同組合連携組織（42 県域で組成。協議体であり法人格はない）に JA が参加している県が 7 県あります（うち 3 県が 1 県 1JA）。こうした形が広がることで連携の契機も広がると考えています。

10. JA グループはほかの協同組合から大いに学べる

ほかの協同組合の役職員と交流すると、JA グループの良さ、強みも感じると同時に、ほかの協同組合から学べることが多いことにも気づきます。

JA では准組合員の参加、意思反映が課題になっています。また、農地を担い手に任せるなどして自らは営農から遠ざかっている正組合員も増えています。JAは農業分野でしっかりと役割を果たすと同時に、こうした正准組合員との関係性を強化しなくてはいけません。

組合員数や事業エリアがJAよりも多くて広い生協はたくさんあります。こうした生協にとって、組合員との関係性強化はなかなか大変な課題です。それでも何とか工夫して「組合員の意思反映、参加・参画を進めよう」とされている生協は少なくありません。

これら生協の組織基盤強化の具体策はJAにとってきわめて参考になるものです。

また、日本の労働者協同組合は、実践開始から40年、新法制定運動開始から25年を経て新法「労働者協同組合法」が昨年施行されました。政府からの支援もふさわしい法律もないなかで組織を作ってこられた方は、「自分たちの組織である」という組合員の主体性が明解です。また、新しい組織として「なぜこの組織を作ったのか、この組織の具体的目標は何か」も明らかで、組合員の課題解決、その延長での地域の課題解決にまっすぐに手を伸ばす、という力強さを持っておられます。おそらくは草創期の農協にもこうした側面があったのだろうと思います。戦後すぐの農協発足時から組合員・役職員の代替わりが進んだJAは、こうした新しい協同組合から学べることがたくさんあると思います。

11. JCA設立のきっかけは国際協同組合年

2012年は国連が定めた国際協同組合年（IYC）でした。私はIYC全国実行委員会の事務局長を務めました。まだJCAはなく、多くの協同組合全国組織の職員の方々が本来業務を担いながら、IYCを何とか盛り上げよう、この機会に協同組合に対する理解を深めようと、事務局機能を分担・兼務して尽力されました。

HPやリーフレットを作り、ニュースレターを出し、イベントを開き、学習会を開催しました。2度は経験しないであろう1年はあっという間に終わり、ああすればよかった、こうもすればよかった、と後悔の材料はたくさんあります。しかし、多くの協同組合全国組織の方々と親しくなり、信頼関係もでき、加えて、「異なった種類の協同組合が協力すれば何か新しいことができる、大いに可能性がある」ことを確信しました。私だけでなく多くの協同組合全国組織の役職員が同じように可能性を感じられ、2018年にJCAが発足しました。JCAには本稿の執筆時点で8つの協同組合組織から16人の出向者を迎え協同組合間連携の支援業務等にあたっています。

12. JCAは情報や相互交流・学習の機会などを提供していきます

JCAでは、「国際協同組合デー記念中央集会」を毎年度開催しています(2023年度は7月4日開催予定)。2023年度は引き続き実参加・オンライン参加を組み合わせて開催し、多くの方にご参加いただける場とする予定です。

「協同組合の地域共生フォーラム」はJCA発足以来毎年度開催しており、おそらく今後より重要になるであろう、医療、福祉等を重視した地域づくりでの協同組合間連携を提起しています。2023年度も多くの方にご参加いただける場とします。

JA中央会など県域協同組合連携組織の担当者の方向けには「都道府県連携組織交流会議」やテーマ別、ブロック別の学習・交流の場を設けます。4月には初めてご担当いただく方向けに学習会も開催します。

全国を5ブロックに分け、ブロックごとにJCAとしての担当職員を決めています。できるだけ各県に訪問させていただいていますし、オンラインで県域の会議や打ち合わせにオブザーバーとして参加したりしています。私自身もJCAに着任以降、32県に出張していますし、ご了解があればJA中央会だけでなく、県生協連などほかの県域協同組合組織にお邪魔しています。

また、今年度初めて発刊した『協同組合ハンドブック』※（次頁写真2）では、協同組合間連携の前提となる環境認識、各種協同組合の課題と取り組み等を紹介しています。JCAのHPでご覧になることができます。

13. 協同組合間連携の持つ可能性に確信を持っています

県域、JA 等で協同組合間連携を担当されている方は他業務と兼務しつつ、また各協同組合によって少しずつ仕事の進め方などの違いがある難しさも感じながら尽力されておられると思います。私も兼務事務局を経験していますからその大変さが理解できます。JCA は、協同組合間連携が持つ大きな可能性に確信を持って、全国の連携を支援します。ぜひ JCA をうまく使っていただきたいと思います。よろしくお願いいたします。

写真２『協同組合ハンドブック』

※協同組合ハンドブック（113 頁）は JCA 会員には JCA のホームページから PDF データでご提供しており、印刷等自由にご活用いただけます。非会員の JA 等の方も HP でご覧いただくことができます。（ホームページへは右 QR コードよりアクセスできます）

（2023 年 3 月号掲載）

一般社団法人日本協同組合連携機構（JCA）の概要

（2023年9月15日現在）

1. JCAの発足

2018年4月1日、わが国の協同組合の健全な発展と持続可能な地域のよりよいくらし・仕事づくりを目的に、協同組合を横断したわが国唯一の常設の法人組織として「一般社団法人JC総研」から「一般社団法人 日本協同組合連携機構（JCA）」へ組織再編して発足。これにともないJJCの活動とJC総研の組織はJCAに移行。

2. 役員体制

⑴ 代表理事会長：山野 徹（JA全中代表理事会長）

⑵ 代表理事副会長：土屋 敏夫（日本生協連代表理事会長）

⑶ 代表理事専務：比嘉 政浩

3. JCAの会員構成

⑴ 1号会員：各協同組合セクターの全国組織など19団体（社員）

⑵ 2号会員：JA都道府県中央会など55団体

⑶ 3号会員：都道府県生協連など513団体

4. JCAが担う2つの主な活動

⑴ 協同組合間連携の推進・支援・広報

①協同組合間連携の推進・支援

・全国組織の連携強化と企画

・都道府県域等におけるラウンドテーブル等連携の推進・支援

・海外協同組合との連携

②政策提言・広報の実施

・協同組合共通の課題・政策への対応

・協同組合に関する広報の実施

(2) 持続可能な地域のよりよいくらし・仕事づくりに向けた教育・調査・研究

①協同組合に関する教育・調査・研究

・協同組合研究誌「にじ」の編集・発行

・日本の協同組合の基礎的統計の作成・発信

・役職員・次世代等への教育・研修

・協同組合研究組織との交流

②地域社会と農林水産業に関する調査・研究

・都市・農村共生社会実践に関する調査研究

・JA の体系的な組合員政策に関する調査研究

・今日的な JA 女性組織のあり方に関する調査研究

・調査・研究の成果発信

③会員等からのニーズに応じた調査・研究の受託

・協同組合ならびに地域社会・農林水産業に関する調査研究事業

・各種セミナー等への講師派遣

④食育・食農に関する調査・コンサルティング

・食育ソムリエの養成・育成

・協同組合間の食育連携体制の構築

・食と農に関する調査・研究

5. JCA2030 ビジョン　〜協同を広げて、日本を変える〜

協同組合らしくお互いに助け合い、皆の幸せの実現を目指すことによって、成長・競争一辺倒ともいえる今の社会を持続可能な地域社会に変えていくこと、そして、「人のつながり」を積み重ね、組合員・地域住民はもとより協同組合間連携のもと地元企業・NPO・行政等多様な関係者とともに様々な地域課題の達成をめざす「協同のプラットフォーム」として「協同をひろげる」ことを JCA 会員である協同組合がともにすすめていきます。

〈執筆者〉

青竹 豊	一般社団法人日本協同組合連携機構	（第１章）
横溝 大介	一般社団法人日本協同組合連携機構	（第２章、第12章）
菅野 昌英	日本生活協同組合連合会	（第３章）
片岡 昇	一般社団法人日本協同組合連携機構	（第４章）
西川 洋一郎	一般社団法人日本協同組合連携機構	（第５章）
文珠 正也	一般社団法人日本協同組合連携機構	（第６章）
小川 正人	大阪府協同組合・非営利協同セクター連絡協議会　幹事会 大阪府生活協同組合連合会	（第７章）
佐藤 憲司	一般社団法人日本協同組合連携機構	（第８章、第９章）
松尾 賢	一般社団法人日本協同組合連携機構	（第10章）
伊藤 治郎	一般社団法人日本協同組合連携機構	（第11章）
前田 健喜	一般社団法人日本協同組合連携機構	（第13章）
比嘉 政浩	一般社団法人日本協同組合連携機構	（第14章）

『協同組合間連携に学ぶ　地域づくり』

2023年12月1日　第1版第1刷発行

著　　者　一般社団法人 日本協同組合連携機構
発 行 者　尾　中　隆　夫
発 行 所　全国共同出版株式会社
〒161-0011 東京都新宿区若葉1-10-32
電話：03-3359-4811
FAX：03-3358-6174

印刷・製本　株式会社アレックス